丛书主编 / 张　润

遇事找法

吐热尼萨·萨丁 / 编著

消费者权益保护一站式法律指引

中国法治出版社
CHINA LEGAL PUBLISHING HOUSE

出版说明

遇到法律纠纷怎么办？这是每个人在生活中必须面对的问题。在我国，人们的社会联系广泛，上下级、亲戚朋友、老战友、老同事、老同学关系比较融洽，逢事喜欢讲个熟门熟道，但如果人情介入了法律和权力领域，就会带来问题，甚至带来严重问题。

开展法治宣传教育要求"加大普法力度，完善预防性法律制度，推动形成办事依法、遇事找法、解决问题用法、化解矛盾靠法的法治环境"。法治宣传教育的重要目标在于引导群众遇事找法、解决问题靠法，改变社会上"遇事找人不找法"的现象。

公正善良之法、有法可依是"遇事找法"的前提和保证。"一切法律中最重要的法律，既不是刻在大理石上，也不是刻在铜表上，而是铭刻在公民的内心里。"法律应当成为人们的信仰，让人们相信法不阿贵，绳不挠曲，让人们相信合理合法的诉求能够得到及时公正地实现。经过长期努力，中国特色社会主义法律体系已经形成，在社会生活各方面总体上实现了有法可依。

对于普通老百姓而言，在讨说法、打官司、谈条件之前，首先要知道自己遇到的事属于哪一类、法律是如何规定的。为了帮助遇事犯难的人们解决难题，引导人民群众办事依法、遇事找法、解决问题用法、化解矛盾靠法，我们以常见纠纷类型为依托，组织编写了本套遇事找法丛书。

本丛书以最贴近百姓生活的常见法律问题为目录，方便读者以最快捷的方式查找到自己最关心的问题。共设置四大板块：遇事、说法、找法、举一反三。

【遇事】板块收录了各类纠纷的生活化小案例，方便读者对号入座，从案例中找到共鸣。

【说法】板块旨在用最简洁的话语告诉读者最可行的纠纷解决办法和最可能的纠纷处理结果。

【找法】板块附上了与"事"对应的相关法律法规、司法解释的规定，方便读者及时查阅。

【举一反三】板块旨在帮助读者通过一个问题类推出同类型纠纷的解决方法。

本丛书的宗旨：让您读得懂、传得开、用得上，遇事不慌不犯难，助您最便捷地解决法律纠纷。

目　录

一、普通消费纠纷

1. 在购买、使用商品和接受服务时被人格侮辱，消费者可否主张精神损害赔偿？ ………………………………………………………………… 002
2. 消费者在超市购物时忘记付款，超市能扣留消费者吗？ ………… 005
3. 超市工作人员对顾客进行搜身，该怎么办？ …………………… 008
4. 明星代言的产品出现质量问题，消费者可否向该明星主张赔偿损失？ … 010
5. 超市免费寄存的财物丢失，消费者可否向超市索赔？ ………… 013
6. 被商场电梯夹伤，消费者能否向商场索赔？ …………………… 016
7. 小孩从购物车上摔下受伤，监护人可否向超市主张损害赔偿？ … 019
8. 超市拒绝兑换中奖商品，消费者该怎么办？ …………………… 022
9. 因讨价还价被经营者殴打，消费者该怎么办？ ………………… 025
10. 商户撤离商场后，该商户提供的产品质量出问题，消费者该找谁？ … 028
11. 蔬菜店出售的蔬菜中农药残留超标，谁来承担责任？ ………… 031
12. 消费者买到了过期食品，该怎么办？ …………………………… 034
13. 经营者存在欺诈消费者的行为，消费者该如何维权？ ………… 037
14. 在饭店就餐时发现商家使用洗衣粉刷洗餐具，消费者该如何维权？ … 040
15. 在餐馆就餐时食物中出现蟑螂，消费者该怎么维权？ ………… 043

16. 在餐馆就餐时，停在餐馆停车场的车被剐蹭了，应该由谁承担赔偿损失？ ………………………………………………………………… 046
17. 经营者在买卖合同中标注的内容与商品本身的材质不符，消费者如何维权？ ……………………………………………………………… 049
18. 经营者相互串通操纵市场价格损害消费者利益，该怎么办？ …… 052
19. 所购买的食品不是消费者选定的厂家生产的，消费者该如何维权？ … 055
20. 不明身份的第三人闯入酒店伤害消费者，应该由谁承担损害赔偿责任？ … 058
21. 儿童在游泳池内溺亡，家属如何主张损害赔偿请求？ …………… 061
22. 谁来承担商品存在瑕疵的证明责任？ ……………………………… 065

二、网络购物消费纠纷

23. 网购后卖家"跑路"了，联系不上卖家，谁来赔偿消费者的损失？ … 070
24. 快递运输中包裹破损、物品损坏由谁承担损害赔偿责任？ ……… 073
25. 网购中因退换货产生的运费应该由谁承担？ ……………………… 076
26. 网购付完款后，卖家以缺货为由不发货，消费者该如何维权？ … 078
27. 网购中消费者对哪些商品不能要求七天无理由退货？ …………… 080
28. 网购商品预售时付了定金，但错过了付尾款的时间，消费者能要求退还定金吗？ …………………………………………………………… 082
29. 网购中卖家的赠品有质量问题，可以向卖家索赔吗？ …………… 084
30. 网购的宠物咬伤了消费者，该怎么办？ …………………………… 088
31. 消费者在留言区被经营者人格侮辱，该怎么维权？ ……………… 092
32. 直播间里购买的商品出现质量问题，消费者应该找谁赔？ ……… 095
33. 电子商务经营者向消费者作出高于国家、行业标准的有利承诺后拒不兑现承诺，该怎么办？ …………………………………………… 100
34. 跨境网购中产品质量出现问题，消费者应该找谁赔偿损失？ …… 102
35. 二手商品网站的销售者从事经营活动构成欺诈的，消费者可以主张惩罚性赔偿吗？ ………………………………………………………… 105
36. 网络消费合同格式条款侵害消费者利益的，消费者该怎么办？ … 107
37. 消费者通过电视购物后，对商品不满意，商家售后服务差、以各种理由拒绝退货，消费者该怎么办？ …………………………………… 110

三、旅游消费纠纷

38. 旅游过程中被安排强制购物，消费者该怎么办？ 114
39. 旅游途中发现旅行社提供的服务与合同约定不符时，消费者该怎么办？ 116
40. 旅游途中，旅游公司擅自改变旅游行程，消费者该怎么办？ 119
41. 旅游途中，旅游公司擅自解除合同，消费者该怎么办？ 122
42. 旅游行程开始之前，旅游者可以转让旅游合同的权利义务吗？ 125
43. 消费者因旅游目的地发生不可抗力或意外事件而取消行程，能否要求退回已支付的旅游服务费？ 127
44. 旅客在旅途中被动物咬伤，应该由谁承担侵权责任？ 130
45. 旅游过程中食物中毒，消费者应该向谁主张侵权责任？ 133
46. 游客意外受伤，可否向旅行社主张违约责任？ 135
47. 游客随身携带的行李物品遗失，可否向旅行社要求赔偿损失？ 138
48. 旅游过程中发生纠纷，旅游者可以通过哪些途径解决？ 140
49. 旅客在境外旅游，由第三者侵权致受伤，该找谁赔偿？ 142
50. 旅客在旅游景点买到的特产有质量问题，该怎么办？ 145

四、消费者个人信息泄露纠纷

51. 卖家擅自泄露消费者的个人信息，消费者可否要求经营者承担侵权责任？ 150
52. 网购中发现卖家过度收集消费者个人信息，该如何维权？ 152
53. 卖家泄露消费者的个人信息，消费者能否主张精神损害赔偿？ 155
54. 消费者的个人信息被泄露，应该如何取证？ 158
55. 消费者的快递信息被泄露，可否向快递公司主张侵权损害赔偿？ 160
56. 经营者未经许可将其掌握的消费者信息用于商业宣传，消费者该如何维权？ 162

003

五、未成年人、老年人消费纠纷

57. 未成年人给网络游戏账号充值，家长可以申请退款吗？ ……………… 166
58. 未成年人花费数额较大款项给主播打赏，家长申请退款遭平台拒绝，该怎么办？ ……………… 169
59. 商家诱导未成年人冲动消费，监护人该如何维权？ ……………… 172
60. 金融消费服务者诱导老年人购买保险、理财等金融产品，老年人该如何索赔？ ……………… 174
61. 非法分子诱导老年人投资"以房养老"项目，非法占有老年人的房产，老年人该怎么办？ ……………… 177

六、运输及其他消费纠纷

62. 航空公司无故更改起飞时间，消费者该如何维权？ ……………… 182
63. 乘坐出租车中途发生车祸，乘客可否向出租车公司主张违约责任？ ……………… 184
64. 乘坐公交车途中受伤，乘客能否向公交公司主张精神损失费？ ……………… 187
65. 购房后无法正常用电，买受人可否要求开发商修理电路并赔偿损失？ ……………… 189
66. 新车刚开出汽车销售门店便发生严重质量问题，消费者该怎么维权？ ……………… 192
67. 购买二手车之后发现销售者隐瞒车的质量瑕疵，该怎么办？ ……………… 195
68. 购车合同中没有约定"金融服务费"，但商家表示不支付"金融服务费"就不能提车，消费者该怎么办？ ……………… 198
69. 医疗美容院虚假宣传，消费者如何维权？ ……………… 202
70. 医疗美容行为不规范，导致消费者毁容，消费者该怎么办？ ……………… 204
71. 电信增值服务免费体验期结束后，电信公司强行扣费，消费者该怎么办？ ……………… 207
72. 婚庆公司漏拍了婚礼重要场景，消费者该怎么办？ ……………… 209
73. 消费者可否要求经营者退还会员卡中未使用的金额？ ……………… 212

普通消费纠纷

1 在购买、使用商品和接受服务时被人格侮辱，消费者可否主张精神损害赔偿？

遇事

小赵去外地旅游，打算在一家四星级酒店办理入住，但服务员一看小赵打扮朴素，就投来鄙视的眼神，遂拒绝为小赵办理酒店入住。对此，小赵很气愤，坚持要求服务员给他办理入住，还提出要在酒店就餐，但服务员坚决不肯。双方争执起来，引来众人围观，小赵感觉自己的人格受到了极大的侮辱。遂后，小赵将该酒店告上法庭，请求法院判决酒店赔偿其精神损失费。小赵的精神损失赔偿请求能否得到法院的支持？

说法

普通的消费者进入大型奢侈品聚集的商场或比较高级别的经营场所，经常会遇到经营者因消费者的外表、形象一般就差别对待，如对于消费者对商品、服务内容的询问表示不耐烦，甚至鄙视的情况。

根据《中华人民共和国消费者权益保护法》第9条、第14条、第16条的规定，消费者享有自主选择商品或者服务的权利。消费者在购买、使用商品和接受服务时，享有人格尊严、民族风俗习惯得到尊重的权利，享有个人信息依法得到保护的权利。经营者向消费者提供商品或者服务，应当恪守社会公德，诚信经营，保障消费者的合法权益；不得设定不公平、不合理的交易条件，不得强制交易。由此可知，消费者可以自主决定购买或不购买某种商品，接受或不接受某一项服务。本案中，酒店服务员仅因小赵打扮朴素而拒绝给其办理入住，给其造成了严重的精神损害，违反了上述法律规定，同时，严重违反了社会主义核心价值观，给消费者造成了严重的精神损害。根据《中华人民共和国消费者权益保护法》第51条的规定，经营者有侮辱诽谤、搜查身体、侵犯人身自由等侵害消费者或者其他受害人人身权益的行为，造成严重精神损害的，受害人可以要求精神损害赔偿。因此，小赵可以要求酒店赔偿其精神损失费。

找法

《中华人民共和国消费者权益保护法》

第九条 消费者享有自主选择商品或者服务的权利。

消费者有权自主选择提供商品或者服务的经营者，自主选择商品品种或者服务方式，自主决定购买或者不购买任何一种商品、接受或者不接受任何一项服务。

消费者在自主选择商品或者服务时，有权进行比较、鉴别和挑选。

第十四条 消费者在购买、使用商品和接受服务时，享有人格尊严、民族风俗习惯得到尊重的权利，享有个人信息依法得到保护的权利。

第十六条第三款 经营者向消费者提供商品或者服务，应当恪守社会公德，诚信经营，保障消费者的合法权益；不得设定不公平、不合理的交易条件，不得强制交易。

第五十一条 经营者有侮辱诽谤、搜查身体、侵犯人身自由等侵害消费者或者其他受害人人身权益的行为，造成严重精神损害的，受害人可以要求精神损害赔偿。

举一反三

自由消费是公民最基本的权利，经营者应该尊重消费者在此范围内的广泛性权利。因此，《中华人民共和国消费者权益保护法》将消费者人格权纳入其保护范围内，也即消费者可以对于经营者侮辱其人格等行为主张精神损害赔偿请求。但是，法院支持公民精神损害赔偿请求的依据是损害程度要达到"严重"才可以。根据《中华人民共和国民事诉讼法》第67条第1款的规定，当事人对自己提出的主张，有责任提供证据。如果当事人不能提供相应的证据，则其诉讼请求不能得到法院的支持。在此提醒广大消费者，遇到类似情况一定要注意收集证据，收集证据的方式可以采取录音、录像、拍照等。

一、普通消费纠纷

② 消费者在超市购物时忘记付款，超市能扣留消费者吗？

遇事

扫一扫，听案情

> 请出示您的购物小票。

XX超市

> 这里面有好几件商品，你都没结账，还想走？

> 不好意思，我忘记了，我马上补！

服务台

> 我看你是故意不付款的，警察来之前，你不能离开！

> XX超市的保安限制我的自由，侮辱我的人格，我要求XX超市赔偿我的精神损失费！

005

说法

实际上，消费者在消费过程中的无心之过经常会被经营者误认为是故意行窃，从而侮辱其人格，甚至对消费者进行更为过激的违法行为时常发生。根据《中华人民共和国消费者权益保护法》第27条的规定，经营者不得对消费者进行侮辱、诽谤，不得搜查消费者的身体及其携带的物品，不得侵犯消费者的人身自由。本案中，杜某确实有过错，但超市也不能对其人格进行侮辱，更无权限制其人身自由。超市扣留杜某侵犯了杜某的人身自由，造成严重精神损害的，杜某可以要求超市赔偿精神损失费。

法院之所以驳回杜某的精神损害赔偿请求，是因为杜某未尽到证明责任。《中华人民共和国民事诉讼法》第67条第1款规定，当事人对自己提出的主张，有责任提供证据。《最高人民法院关于适用〈中华人民共和国民事诉讼法〉的解释》第90条第2款规定，在作出判决前，当事人未能提供证据或者证据不足以证明其事实主张的，由负有举证证明责任的当事人承担不利的后果。因此，法院驳回了杜某的诉讼请求。

找法

《中华人民共和国消费者权益保护法》

第二十七条 经营者不得对消费者进行侮辱、诽谤，不得搜查消费者的身体及其携带的物品，不得侵犯消费者的人身自由。

第五十一条 经营者有侮辱诽谤、搜查身体、侵犯人身自由等侵害消费者或者其他受害人人身权益的行为，造成严重精神损害的，受害人可以要求精神损害赔偿。

《中华人民共和国民事诉讼法》

第六十七条第一款 当事人对自己提出的主张，有责任提供证据。

一、普通消费纠纷

《最高人民法院关于适用〈中华人民共和国民事诉讼法〉的解释》

第九十条 当事人对自己提出的诉讼请求所依据的事实或者反驳对方诉讼请求所依据的事实,应当提供证据加以证明,但法律另有规定的除外。

在作出判决前,当事人未能提供证据或者证据不足以证明其事实主张的,由负有举证证明责任的当事人承担不利的后果。

举一反三

当事人的权益被侵害时,可以选择多种方式解决纠纷,比如,可以跟对方协商和解,也可以邀请第三方介入进行调解。在此建议广大消费者,面对经营者的强势行为,首先,要注意解决问题的方式、方法,尽量避免与经营者正面冲突,多尝试与对方沟通解决矛盾;其次,若遇到经营者限制其人身自由,要及时报警,由第三方介入进行调解或通过其他手段解决矛盾;最后,需要重点强调的是,广大消费者要强化证据意识,与经营者发生矛盾冲突时,注意收集、及时留存相关证据。

3 超市工作人员对顾客进行搜身，该怎么办？

遇事

某日下午，李女士到家附近的大型超市购物，买完东西、结完账准备出去时，超市的警报器响了起来。随后，超市保安强行搜查李女士的包，从中搜出来一盒面膜，但这家超市并不售卖这款面膜，李女士表示这款面膜是在外面的药妆店购买的。李女士认为，保安没搞清楚事实，就强行搜她的包，真相大白后对其没有一丁点儿歉意，保安的行为严重侵害了其人格尊严。李女士该如何维权？

说法

生活中，经常有人提到自己在超市购物时遭遇强行搜身、搜包，因被怀疑"偷东西"而愤怒不已。根据《中华人民共和国消费者权益保护法》第7条、第14条、第50条、第51条的规定，消费者在购买、使用商品和接受服务时享有人身、财产安全不受损害的权利。消费者在购买、使用商品和接受服务时，享有人格尊严、民族风俗习惯得到尊重的权利，享有个人信息依法得到保护的权利。经营者侵害消费者的人格尊严、侵犯消费者人身自由或者侵害消费者个人信息依法得到保护的权利的，应当停止侵害、恢复名誉、消除影响、赔礼道歉，并赔偿损失。经营者有侮辱诽谤、搜查身体、侵犯人身自由等侵害消费者或者其他受害人人身权益的行为，造成严重精神损害的，受害人可以要求精神损害赔偿。本案中，超市保安未征得李女士的同意就强行搜包，且事后未向李女士道歉，该行为具有侮辱性，侵犯了李女士的人格权，李女士可以根据上述法律规定要求保安赔礼道歉，还可以向超市主张精神损害赔偿。

一、普通消费纠纷

🔍 找法

《中华人民共和国消费者权益保护法》

第七条第一款 消费者在购买、使用商品和接受服务时享有人身、财产安全不受损害的权利。

第十四条 消费者在购买、使用商品和接受服务时，享有人格尊严、民族风俗习惯得到尊重的权利，享有个人信息依法得到保护的权利。

第五十条 经营者侵害消费者的人格尊严、侵犯消费者人身自由或者侵害消费者个人信息依法得到保护的权利的，应当停止侵害、恢复名誉、消除影响、赔礼道歉，并赔偿损失。

第五十一条 经营者有侮辱诽谤、搜查身体、侵犯人身自由等侵害消费者或者其他受害人人身权益的行为，造成严重精神损害的，受害人可以要求精神损害赔偿。

举一反三

人身自由是公民最基本的宪法权利，任何主体不得侵犯。《中华人民共和国宪法》第37条规定："中华人民共和国公民的人身自由不受侵犯。任何公民，非经人民检察院批准或者决定或者人民法院决定，并由公安机关执行，不受逮捕。禁止非法拘禁和以其他方法非法剥夺或者限制公民的人身自由，禁止非法搜查公民的身体。"由此可知，搜身是特定主体才能进行的行为。经营者维护自己的利益是合理的，但无权利擅自对消费者进行搜身、搜包。若经营者有证据证明消费者行窃，可以选择报警，让具有执法权的公安机关来处理。因此，广大消费者可以拒绝经营者任何形式的搜身行为。若经营者强行搜身，消费者可以报警来维护自己的合法权益。

遇事找法 消费者权益保护一站式法律指引

4 明星代言的产品出现质量问题，消费者可否向该明星主张赔偿损失？

遇事

张太太是某明星的超级大粉丝，不会错过该明星参加的每一期综艺节目，甚至包括他代言的每一个广告。某一天，张太太看到自己喜爱的明星代言的具有润肠祛油功效的茶，就立刻打通电视购物客服电话下单了。但张太太喝完茶后就上吐下泻，被紧急送去医院，医生诊断其为肠道受损。因张太太年纪比较大，医生建议她住院治疗。张太太出院后，将广告主、该明星同时告上法庭，请求法院让广告主和该明星共同赔偿其损失。张太太的诉讼请求会得到法院的支持吗？

说法

近年来，明星代言的商品质量不合格给消费者造成人身损失的现象屡见不鲜。根据《中华人民共和国广告法》第4条、第38条的规定，广告不得含有虚假或者引人误解的内容，不得欺骗、误导消费者。广告主应当对广告内容的真实性负责。广告代言人在广告中对商品、服务作推荐、证明，应当依据事实，符合本法和有关法律、行政法规规定，并不得为其未使用过的商品或者未接受过的服务作推荐、证明。此外，对于发布虚假广告的法律责任，《中华人民共和国食品安全法》第140条规定，违反本法规定，在广告中对食品作虚假宣传，欺骗消费者，或者发布未取得批准文件、广告内容与批准文件不一致的保健食品广告的，依照《中华人民共和国广告法》的规定给予处罚。广告经营者、发布者设计、制作、发布虚假食品广告，使消费者的合法权益受到损害的，应当与食品生产经营者承担连带责任。同时，《中华人民共和国广告法》第56条第2款规定，关系消费者生命健康的商品或者服务的

010

虚假广告，造成消费者损害的，其广告经营者、广告发布者、广告代言人应当与广告主承担连带责任。本案中，张太太因为信任某明星代言产品的真实性选择购买该产品，然而，广告主违反了对广告内容的真实性义务，广告代言人代言的商品给消费者人身造成损害，广告代言人应当与广告主一起承担连带责任。因此，法院会支持张太太向广告主、广告代言人主张的赔偿请求。

找法

《中华人民共和国食品安全法》

第一百四十条第一款、第二款 违反本法规定，在广告中对食品作虚假宣传，欺骗消费者，或者发布未取得批准文件、广告内容与批准文件不一致的保健食品广告的，依照《中华人民共和国广告法》的规定给予处罚。

广告经营者、发布者设计、制作、发布虚假食品广告，使消费者的合法权益受到损害的，应当与食品生产经营者承担连带责任。

《中华人民共和国广告法》

第四条 广告不得含有虚假或者引人误解的内容，不得欺骗、误导消费者。

广告主应当对广告内容的真实性负责。

第三十八条第一款 广告代言人在广告中对商品、服务作推荐、证明，应当依据事实，符合本法和有关法律、行政法规规定，并不得为其未使用过的商品或者未接受过的服务作推荐、证明。

第五十六条第二款、第三款 关系消费者生命健康的商品或者服务的虚假广告，造成消费者损害的，其广告经营者、广告发布者、广告代言人应当与广告主承担连带责任。

前款规定以外的商品或者服务的虚假广告，造成消费者损害的，其广告经营者、广告发布者、广告代言人，明知或者应知广告虚假仍设计、制作、代理、发布或者作推荐、证明的，应当与广告主承担连带责任。

举一反三

消费者有自主选择商品或服务的权利。但消费者在进行消费时应该从自身需求考虑，理性选择商品或服务。此外，杜绝假冒伪劣产品不仅是生产者、销售者的责任，商品广告代言人也应该在自己使用过或接受过服务后确信所代言的产品或服务真实性的情况下，再代言该商品。

5 超市免费寄存的财物丢失,消费者可否向超市索赔?

遇事

萨女士背着自己心爱的包去一家精品生活超市购物,走到超市入口的时候,工作人员说:"女士,请到服务台或自动寄存柜存一下您的包,若包里有贵重物品,建议您寄存到服务台!"萨女士走到服务台时停顿了一下,心想:"我就进去买个抽纸就出来,虽然包里有价值3万元的金手镯,应该也没事。"随后就到自动寄存柜里存了一下包。萨女士买完东西出来,迅速到自动寄存柜取出自己的包,检查之后发现金手镯不翼而飞了。根据超市监控显示,有一位黑衣男子在萨女士存包的柜子前站了5分钟后才离开。于是,萨女士要求超市赔偿,但超市拒绝了。超市有权拒绝赔偿吗?

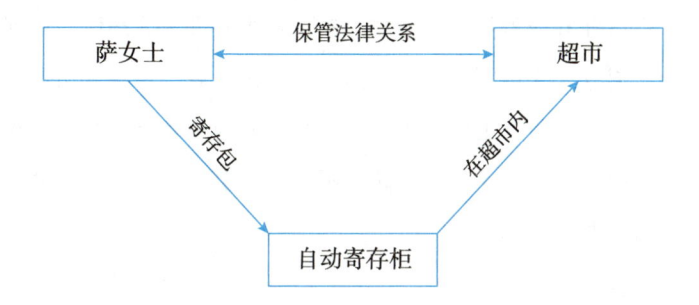

```
萨女士 ←——保管法律关系——→ 超市
    ↘                      ↗
     寄存包              在超市内
        ↘              ↗
         自动寄存柜
```

说法

通常,去超市购物时不能带包进去,超市会要求消费者将包寄存。超市的寄存服务分为人工寄存和自动寄存两种。《中华人民共和国民法典》第888条规定,保管合同是保管人保管寄存人交付的保管物,并返还该物的合同。寄存人到保管人处从事购物、就餐、住宿等活动,将物品存放在指定场所的,视为保管,但是当事人另有约定或者另有交易习惯的除外。也即,无论消费者选择哪种寄存方式，都可以认定为超市与消费者之间形成了保管法律关系。在承担责任问题上，需要区分保管是有偿还是无偿，若是无偿保管，根据《中华人民共和国民法典》第897条的规定，保管期内，因保管人保管不善造成保管物毁损、灭失的，保管人应当承担赔偿责任。但是，无偿保管人证明自己没有故意或者重大过失的，不承担赔偿责任。而判断保管是有偿还是无偿，则要看双方的约定，没有约定或者约定不明确，且不能达成补充协议的，视为无偿保管。

本案中，超市与萨女士之间形成无偿保管法律关系，在保管过程中，超市不存在故意或者重大过失。但黑衣男子在存包柜前站了5分钟，超市保安应该有所警惕。根据《中华人民共和国消费者权益保护法》第7条的规定，消费者在购买、使用商品和接受服务时享有人身、财产安全不受损害的权利。消费者有权要求经营者提供的商品和服务，符合保障人身、财产安全的要求。因此，超市对萨女士的财产有安全保障义务，应该保护萨女士寄存的财产安全。此外，根据《中华人民共和国民法典》第898条的规定，寄存人寄存货币、有价证券或者其他贵重物品的，应当向保管人声明，由保管人验收或者封存；寄存人未声明的，该物品毁损、灭失后，保管人可以按照一般物品予以赔偿。由于萨女士事先未向超市声明其包里有贵重物品，也存在一定的过错，因此，综合考虑之下，超市不能拒绝赔偿，而应该按照一般物品赔偿萨女士的损失。

找法

《中华人民共和国民法典》

第八百八十八条 保管合同是保管人保管寄存人交付的保管物，并返还该物的合同。

寄存人到保管人处从事购物、就餐、住宿等活动，将物品存放在指定场所的，视为保管，但是当事人另有约定或者另有交易习惯的除外。

第八百八十九条 寄存人应当按照约定向保管人支付保管费。

当事人对保管费没有约定或者约定不明确，依据本法第五百一十条的规定仍不能确定的，视为无偿保管。

第八百九十八条 寄存人寄存货币、有价证券或者其他贵重物品的，应当向保管人声明，由保管人验收或者封存；寄存人未声明的，该物品毁损、灭失后，保管人可以按照一般物品予以赔偿。

《中华人民共和国消费者权益保护法》

第七条 消费者在购买、使用商品和接受服务时享有人身、财产安全不受损害的权利。

消费者有权要求经营者提供的商品和服务，符合保障人身、财产安全的要求。

举一反三

进超市时将自己随身携带的物品寄存到人工服务台或自动寄存柜早已成为一种习惯。消费者在进超市消费并寄存物品时，尽量不要携带贵重物品。若已经携带了，一定按照要求向保管人声明贵重物品保管需要注意的事项，以免遭受不必要的损失。

6 被商场电梯夹伤，消费者能否向商场索赔？

遇事

儿童节前一天，爸爸带4岁的小花去某超市购买节日礼物。该超市设在A商场的四楼，小花要求爸爸带自己坐电梯上楼。当天，带小朋友逛商场和超市的人较多，考虑到安全问题，小花爸爸等所有人上了电梯后才让小花上，谁料，小花刚迈出她的小脚，电梯门就突然关上了，等小花爸爸在其他人的帮助下再次打开电梯门时，发现小花的头部正在流血。小花爸爸急忙将小花带去附近医院。小花住院治疗了10天，医药费花了8000元。小花出院后，小花爸爸向A商场索赔医疗费，但A商场以小花受伤跟自己没关系、小花爸爸自己没照顾好孩子才导致其受伤为由拒绝赔偿。对小花受伤，A商场可以不承担责任吗？

说法

《中华人民共和国消费者权益保护法》第18条规定，经营者应当保证其提供的商品或者服务符合保障人身、财产安全的要求。对可能危及人身、财产安全的商品和服务，应当向消费者作出真实的说明和明确的警示，并说明和标明正确使用商品或者接受服务的方法以及防止危害发生的方法。宾馆、商场、餐馆、银行、机场、车站、港口、影剧院等经营场所的经营者，应当对消费者尽到安全保障义务。第49条规定，经营者提供商品或者服务，造成消费者或者其他受害人人身伤害的，应当赔偿医疗费、护理费、交通费等为治疗和康复支出的合理费用，以及因误工减少的收入。造成残疾的，还应当赔偿残疾生活辅助具费和残疾赔偿金。造成死亡的，还应当赔偿丧葬费和死亡赔偿金。本案中，小花是被A商场的电梯夹伤的，基于经营者的安全保障义务，A商场未尽到安全保障义务就应该承担相应的责任。但本案中的受害者是无民事行为能力人，根据《中华人民共和国民法典》第34条的规定，监护人的职责是代理被监护人实施民事法律行为，保护被监护人的人身权利、财产权利以及其他合法权益等。监护人依法履行监护职责产生的权利，受法律保护。监护人不履行监护职责或者侵害被监护人合法权益的，应当承担法律责任。小花爸爸作为小花的监护人，本应该对小花严加看管，但其未尽到监护职责，对小花的受伤也有一定的过错，因此，可以适当减轻A商场的赔偿责任。

找法

《中华人民共和国民法典》

第三十四条 监护人的职责是代理被监护人实施民事法律行为，保护被监护人的人身权利、财产权利以及其他合法权益等。

监护人依法履行监护职责产生的权利，受法律保护。

监护人不履行监护职责或者侵害被监护人合法权益的，应当承担法律责任。

因发生突发事件等紧急情况，监护人暂时无法履行监护职责，被监护人的生活处于无人照料状态的，被监护人住所地的居民委员会、村民委员会或者民政部门应当为被监护人安排必要的临时生活照料措施。

《中华人民共和国消费者权益保护法》

第十八条 经营者应当保证其提供的商品或者服务符合保障人身、财产安全的要求。对可能危及人身、财产安全的商品和服务，应当向消费者作出真实的说明和明确的警示，并说明和标明正确使用商品或者接受服务的方法以及防止危害发生的方法。

宾馆、商场、餐馆、银行、机场、车站、港口、影剧院等经营场所的经营者，应当对消费者尽到安全保障义务。

第四十九条 经营者提供商品或者服务，造成消费者或者其他受害人人身伤害的，应当赔偿医疗费、护理费、交通费等为治疗和康复支出的合理费用，以及因误工减少的收入。造成残疾的，还应当赔偿残疾生活辅助具费和残疾赔偿金。造成死亡的，还应当赔偿丧葬费和死亡赔偿金。

举一反三

广大消费者在逛街购物过程中，需要提高自身的安全防范意识。尤其是，带着未成年人在商场、超市等场所进行消费时，监护人一定注意履行好自己对未成年人人身安全的保护义务。

7 小孩从购物车上摔下受伤，监护人可否向超市主张损害赔偿？

遇事

王女士带着5岁的儿子到A超市购物，为了购物方便，王女士让儿子坐在购物车里。王女士挑选商品时，其儿子觉得好玩，趁王女士不注意，使劲地摇晃购物车，突然购物车右前轮脱落，车身向右侧翻，王女士的儿子被甩了出来。王女士急忙将儿子送去医院，医院诊断其儿子右手臂骨折，需要住院治疗。出院后，王女士将A超市告上法院，要求A超市承担其儿子的医疗费、后期的护理费及营养费。A超市是否应该对王女士儿子的损害承担民事责任？

说法

生活中有些家长带小孩去超市购物都喜欢让孩子坐购物车里，这样方便家长挑选商品，但这一行为存在一定的安全风险。就本案而言，超市作为为消费者提供服务的经营者，有义务确保购物车的安全性能。根据《中华人民共和国消费者权益保护法》第18条的规定，经营者应当保证其提供的商品或者服务符合保障人身、财产安全的要求。对可能危及人身、财产安全的商品和服务，应当向消费者作出真实的说明和明确的警示，并说明和标明正确使用商品或者接受服务的方法以及防止危害发生的方法。宾馆、商场、餐馆、银行、机场、车站、港口、影剧院等经营场所的经营者，应当对消费者尽到安全保障义务。若经营者违反该义务，根据《中华人民共和国消费者权益保护法》第49条规定，经营者提供商品或者服务，造成消费者或者其他受害人人身伤害的，应当赔偿医疗费、护理费、交通费等为治疗和康复支出的合理费用，以及因误工减少的收入。造成残疾的，还应当赔偿残疾生活辅助具费和残疾赔偿金。造成死亡的，还应当赔偿丧葬费和死亡赔偿金。本案中，A超市购物车前轮脱落，车身向右侧翻是导致王女士儿子摔伤的直接原因，超市未提前检查排除有安全隐患的购物车，未尽到安全保护义务，根据上述法律规定，A超市应该对王女士儿子的损害承担主要的赔偿责任。同时，王女士作为其儿子的监护人，在购物时未看管好自己的小孩，未尽到其监护责任，也有一定的过错。综上，A超市应当对王女士儿子的损害承担民事责任，但因王女士作为监护人未尽到监护职责，可以适当减轻A超市的赔偿责任。

找法

《中华人民共和国民法典》

第三十四条　监护人的职责是代理被监护人实施民事法律行为，保护被监护人的人身权利、财产权利以及其他合法权益等。

监护人依法履行监护职责产生的权利，受法律保护。

监护人不履行监护职责或者侵害被监护人合法权益的，应当承担法律责任。

因发生突发事件等紧急情况，监护人暂时无法履行监护职责，被监护人的生活处于无人照料状态的，被监护人住所地的居民委员会、村民委员会或者民政部门应当为被监护人安排必要的临时生活照料措施。

《中华人民共和国消费者权益保护法》

第十八条　经营者应当保证其提供的商品或者服务符合保障人身、财产安全的要求。对可能危及人身、财产安全的商品和服务，应当向消费者作出真实的说明和明确的警示，并说明和标明正确使用商品或者接受服务的方法以及防止危害发生的方法。

宾馆、商场、餐馆、银行、机场、车站、港口、影剧院等经营场所的经营者，应当对消费者尽到安全保障义务。

第四十九条　经营者提供商品或者服务，造成消费者或者其他受害人人身伤害的，应当赔偿医疗费、护理费、交通费等为治疗和康复支出的合理费用，以及因误工减少的收入。造成残疾的，还应当赔偿残疾生活辅助具费和残疾赔偿金。造成死亡的，还应当赔偿丧葬费和死亡赔偿金。

举一反三

在公共场所活动时，经营者或管理者负有安全保障义务，但这并不意味着其需对所有的事故承担责任。安全保障义务的履行要结合具体场景判断，经营者需采取合理措施，如设置警示标识、保持场地安全等，同时，消费者自身也应尽到合理的注意义务，避免因疏忽大意导致自身受损。

遇事找法 消费者权益保护一站式法律指引

⑧ 超市拒绝兑换中奖商品，消费者该怎么办？

🔵 遇事

扫一扫，听案情

说法

根据《中华人民共和国消费者权益保护法》第16条、第45条第1款的规定，经营者向消费者提供商品或者服务，应当恪守社会公德，诚信经营，保障消费者的合法权益；不得设定不公平、不合理的交易条件，不得强制交易。消费者因经营者利用虚假广告或者其他虚假宣传方式提供商品或者服务，其合法权益受到损害的，可以向经营者要求赔偿。广告经营者、发布者发布虚假广告的，消费者可以请求行政主管部门予以惩处。同时，根据《中华人民共和国广告法》第4条、第8条的规定，广告主对自己发布的广告内容真实性负责。广告中对商品的性能、功能、产地、用途、质量、成分、价格、生产者、有效期限、允诺等或者对服务的内容、提供者、形式、质量、价格、允诺等有表示的，应当准确、清楚、明白。本案中，饮料生产商通过开瓶有奖的方式宣传商品，既然小杨买到的3瓶饮料都显示"再来一瓶"，超市作为经营者就应该按照该允诺兑换中奖商品。若超市拒绝兑换，小杨可以向超市要求赔偿，也可以向行政主管部门投诉。

找法

《中华人民共和国消费者权益保护法》

第十六条 经营者向消费者提供商品或者服务，应当依照本法和其他有关法律、法规的规定履行义务。

经营者和消费者有约定的，应当按照约定履行义务，但双方的约定不得违背法律、法规的规定。

经营者向消费者提供商品或者服务，应当恪守社会公德，诚信经营，保障消费者的合法权益；不得设定不公平、不合理的交易条件，不得强制交易。

第四十五条第一款 消费者因经营者利用虚假广告或者其他虚假宣传方式提供商品或者服务，其合法权益受到损害的，可以向经营者要求赔偿。广告经营者、发布者发布虚假广告的，消费者可以请求行政主管部门予以惩处。广告经营者、发布者不能提供经营者的真实名称、地址和有效联系方式的，应当承担赔偿责任。

《中华人民共和国广告法》

第四条 广告不得含有虚假或者引人误解的内容，不得欺骗、误导消费者。广告主应当对广告内容的真实性负责。

第八条 广告中对商品的性能、功能、产地、用途、质量、成分、价格、生产者、有效期限、允诺等或者对服务的内容、提供者、形式、质量、价格、允诺等有表示的，应当准确、清楚、明白。

广告中表明推销的商品或者服务附带赠送的，应当明示所附带赠送商品或者服务的品种、规格、数量、期限和方式。

法律、行政法规规定广告中应当明示的内容，应当显著、清晰表示。

举一反三

诚信是市场经济的基石。商品生产者或经营者通过各种方式对商品进行宣传，应该诚信经营。既然承诺有奖兑换，消费者中奖后就应该根据诚信原则进行兑换。在此提请广大消费者注意，购买商品后一定要保存好购物小票或支付记录等证据，以免后续维权受阻碍。

9 因讨价还价被经营者殴打，消费者该怎么办？

遇事

小可到步行街购买节日衣服，看到一家服装店很吸引人，就进去逛。果不其然，这家店的衣服都很时髦，小可都很喜欢。于是，小可就选购了4件衣服。付钱时，小可跟老板讲价，好话说尽，老板均不让步，小可既舍不得衣服，也不想多加钱，就跟老板继续讨价还价。老板脾气很暴躁，狠狠踢了小可两脚并把她赶出了门。小可被踢得很痛，看着周围那么多人围观，心里委屈又难受。小可该如何维权？

说法

根据《中华人民共和国消费者权益保护法》第7条、第49条、第50条的规定，消费者在购买、使用商品和接受服务时享有人身、财产安全不受损害的权利。经营者提供商品或者服务，造成消费者或者其他受害人人身伤害的，应当赔偿医疗费、护理费、交通费等为治疗和康复支出的合理费用，以及因误工减少的收入。经营者侵害消费者的人格尊严、侵犯消费者人身自由或者侵害消费者个人信息依法得到保护的权利的，应当停止侵害、恢复名誉、消除影响、赔礼道歉，并赔偿损失。本案中，小可在选购商品时讨价还价是正常的行为，服装店老板因为小可讨价还价而打她，又被他人围观，不仅使其身体受损，还给其造成了严重的精神损害，根据上述法律规定，小可可以要求服装店老板赔偿其医疗费及精神损失费等合理费用。

找法

《中华人民共和国消费者权益保护法》

第七条 消费者在购买、使用商品和接受服务时享有人身、财产安全不受损害的权利。

消费者有权要求经营者提供的商品和服务，符合保障人身、财产安全的要求。

第四十九条 经营者提供商品或者服务，造成消费者或者其他受害人人身伤害的，应当赔偿医疗费、护理费、交通费等为治疗和康复支出的合理费用，以及因误工减少的收入。造成残疾的，还应当赔偿残疾生活辅助具费和残疾赔偿金。造成死亡的，还应当赔偿丧葬费和死亡赔偿金。

第五十条 经营者侵害消费者的人格尊严、侵犯消费者人身自由或者侵害消费者个人信息依法得到保护的权利的，应当停止侵害、恢复名誉、消除影响、赔礼道歉，并赔偿损失。

第五十一条 经营者有侮辱诽谤、搜查身体、侵犯人身自由等侵害消费者或者其他受害人人身权益的行为，造成严重精神损害的，受害人可以要求精神损害赔偿。

举一反三

在现实生活中，经常会出现消费者因讨价还价或试穿、试用商品之后，因价格比较昂贵等问题而决定不购买商品时被经营者言语伤害等情况。出现类似情况时，广大消费者一定要理性维权。消费者有权自主选择提供商品或者服务的经营者，有权自主选择商品品种或者服务方式，有权自主决定购买或者不购买任何一种商品、接受或者不接受任何一项服务。消费者在自主选择商品或者服务时，有权进行比较、鉴别和挑选。经营者绝不能因为消费者压低商品价格而通过言语或肢体方式伤害消费者。出现类似情况时，消费者尽量不要与经营者正面冲突，遭受侵害时注意取证，可以通过报警、打12315热线等方式维权。

10 商户撤离商场后，该商户提供的产品质量出问题，消费者该找谁？

遇事

王先生看到网络上人人都在夸空气炸锅好用，就想买一个试试。于是，王先生到一家商场的家用电器柜台买了一款空气炸锅，给商场统一收银台支付了3699元货款。到家后，王先生给空气炸锅插上电，嘣的一声锅炸了。王先生被炸伤了，家人将其送去医院，住院治疗了1个月。出院后，王先生去商场找家用电器柜台索赔，结果发现该商户早已"跑路"，撤离了商场。王先生还能得到赔偿吗？

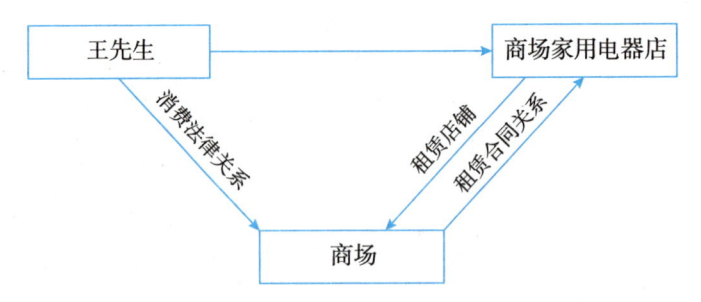

```
王先生 ──────────────→ 商场家用电器店
   ↘                        ↗
  消费法律关系          租赁店铺
      ↘              ↗   租赁合同关系
          商场
```

说法

实践中，消费者在商场购物后，因商品出现质量问题要求退货或因商品质量问题导致其人身损害要求索赔时，发现商户早已"跑路"的情况时有发生，这时消费者只能找商场索赔，但这个过程通常会很曲折。根据《中华人民共和国消费者权益保护法》第11条、第43条的规定，消费者因购买、使用商品或者接受服务受到人身、财产损害的，享有依法获得赔偿的权利。消费者在展销会、租赁柜台购买商品或者接受服务，其合法权益受到损害的，可以向销售者或者服务者要求赔偿。展销会结束或者柜台租赁期满后，也可以向展销会的举办者、柜台的出租者要求赔偿。展销会的举办者、柜台的出租者赔偿后，有权向销售者或者服务者追偿。本案中，王先生与商场的家用电器柜台之间订立买卖合同，因商品质量问题遭受人身损害，其本来应该向空气炸锅的销售者家用电器柜台要求赔偿损失，但因家用电器柜台"跑路"，而商场是该家用电器柜台的出租者，两者之间形成租赁合同关系，同时商场与消费者之间形成消费法律关系，因此，王先生应该向家用电器柜台的出租者——商场要求赔偿，商场不能拒绝赔偿王先生的损失。

找法

《中华人民共和国消费者权益保护法》

第十一条 消费者因购买、使用商品或者接受服务受到人身、财产损害的，享有依法获得赔偿的权利。

第四十三条 消费者在展销会、租赁柜台购买商品或者接受服务，其合法权益受到损害的，可以向销售者或者服务者要求赔偿。展销会结束或者柜台租赁期满后，也可以向展销会的举办者、柜台的出租者要求赔偿。展销会的举办者、柜台的出租者赔偿后，有权向销售者或者服务者追偿。

举一反三

现实生活中，商户跑路的情况时有发生，对此，商场和消费者都应该提高警惕。至于发生类似情况时，消费者如何维权问题，需要根据消费场所的不同加以区分。一般来说，展销会是由一个或者若干个单位举办，具有相应资格的若干经营者参加，在固定场所和一定期限内，用展销的形式，以现货或者订货的方式销售商品的集中交易活动。

租赁柜台是指柜台出租者统一出租柜台给多个实际经营者，但实际经营者往往不标示自己的真实名称，而是使用柜台出租者统一的名称或标记，服从柜台出租者管理要求的经营点位。由此可知，展销会与租赁柜台不具有独立的经营资格，经营具有临时性、经营期限较短等显著特征。与之相比，一般店铺则具有独立经营资格、经营范围固定、经营期限长等特征。因此，根据这三者以上特征，《中华人民共和国消费者权益保护法》将展销会的举办者和柜台的出租者纳入了消费者权益难以得到保障情况下的责任主体范围，是倾斜保护原则的一种体现，但是这种倾斜保护范围并不能作任意性的扩大。也即，消费者在商场的一般店铺进行消费之后，质量出问题不能当然地向商场主张赔偿。

一、普通消费纠纷

11 蔬菜店出售的蔬菜中农药残留超标，谁来承担责任？

遇事

张先生很在意食材安全，每次买菜都去大型超市买有机蔬菜，并用家里备着的农药残留快速检测仪一一检测。有一天，因时间比较紧，来不及去大型超市，张先生就在楼下的蔬菜店买了一些蔬菜并一一检测，其中一把豇豆显示农药残留超标。张先生连忙下楼找蔬菜店老板退货，蔬菜店老板不仅拒绝退货，还说蔬菜农药残留超标跟自己没关系，并称张先生说自己店里的蔬菜农药超标没根据，给自己生意带来了麻烦，要求张先生道歉。张先生的退货要求合理吗？

说法

一般来说，消费者选购食品、食品原材料时注重看其原料，食品添加剂、农药残留量是否达到国家标准。经营者有义务在进购普通食品时检验相关认证材料，但为了节省成本，有些蔬菜店进购的蔬菜几乎没有相关认证材料。根据《中华人民共和国食品安全法》第136条的规定，食品经营者履行了本法规定的进货查验等义务，有充分证据证明其不知道所采购的食品不符合食品安全标准，并能如实说明其进货来源的，可以免予处罚，但应当依法没收其不符合食品安全标准的食品；造成人身、财产或者其他损害的，依法承担赔偿责任。本案中，蔬菜店老板否认其蔬菜农药残留超标，根据上述法律规定，蔬菜店老板需要提供证据证明进货前确实不知道蔬菜农药残留超标并说明进货来源，方可免除行政处罚。另外，根据《中华人民共和国食品安全法》第148条第1款的规定，消费者因不符合食品安全标准的食品受到损害的，可以向经营者要求赔偿损失，也可以向生产者要求赔偿损失。接到消费

031

者赔偿要求的生产经营者，应当实行首负责任制，先行赔付，不得推诿；属于生产者责任的，经营者赔偿后有权向生产者追偿；属于经营者责任的，生产者赔偿后有权向经营者追偿。由于张先生还未食用农药残留超标的蔬菜，未造成人身或财产损失，因此，其可以要求蔬菜店老板退货退款。

找法

《中华人民共和国食品安全法》

第一百三十六条 食品经营者履行了本法规定的进货查验等义务，有充分证据证明其不知道所采购的食品不符合食品安全标准，并能如实说明其进货来源的，可以免予处罚，但应当依法没收其不符合食品安全标准的食品；造成人身、财产或者其他损害的，依法承担赔偿责任。

第一百四十八条第一款 消费者因不符合食品安全标准的食品受到损害的，可以向经营者要求赔偿损失，也可以向生产者要求赔偿损失。接到消费者赔偿要求的生产经营者，应当实行首负责任制，先行赔付，不得推诿；属于生产者责任的，经营者赔偿后有权向生产者追偿；属于经营者责任的，生产者赔偿后有权向经营者追偿。

举一反三

消费者因买到农药残留超标的蔬菜而身体受损，是否只能追究蔬菜销售商或蔬菜种植者的责任？显然不是，根据我国《农药管理条例》第27条第2款规定，农药经营者应当向购买人询问病虫害发生情况并科学推荐农药，必要时应当实地查看病虫害发生情况，并正确说明农药的使用范围、使用方法和剂量、使用技术要求和注意事项，不得误导购买人。也即，若因未履行规定而造成损失，农药经营者也应该负相关责任。此外,根据《农药管理条例》第60条的规定,农药使用者不按照农药的标签标注的使用范围、使用方法和剂量、使用技术要求和注意事项、安全间隔期使用农药的,或者使用禁用的农药的,或者将剧毒、高毒农药用于防治卫生害虫,用于蔬菜、瓜果、茶叶、菌类、中草药材生产或者用于水生植物的病虫害防治的,由县级人民政府农业主管部门责令改正,农药使用者为农产品生产企业、食品和食用农产品仓储企业、专业化病虫害防治服务组织和从事农产品生产的农民专业合作社等单位的,处5万元以上10万元以下罚款,农药使用者为个人的,处1万元以下罚款;构成犯罪的,依法追究刑事责任。因此,消费者也可以向有关部门举报农药使用者及农药经营者来实现源头维权。

遇事找法 消费者权益保护一站式法律指引

12 消费者买到了过期食品，该怎么办？

遇事

小王十分喜欢喝酸奶，某日家里的酸奶喝完了，小王去楼下超市一次性购买了两箱酸奶，到家后发现酸奶都过期了。充满正义感的小王担心更多人买到过期酸奶，连忙跑去超市要求其退货退款、把过期酸奶下架并赔偿自己的损失。但超市否认酸奶是本家超市出售的，拒绝了小王的所有要求。小王的要求是否合理？

说法

过期食品对人的身体有害，严重的可能导致食物中毒。因此，法律对经营者销售过期食品的行为采取严厉的制裁措施。根据《中华人民共和国民法典》第1202条、第1207条的规定，因产品存在缺陷造成他人损害的，生产者应当承担侵权责任。明知产品存在缺陷仍然生产、销售，或者没有依据前条规定采取有效补救措施，造成他人死亡或者健康严重损害的，被侵权人有权请求相应的惩罚性赔偿。根据《中华人民共和国食品安全法》第54条、第148条的规定，食品经营者应当按照保证食品安全的要求贮存食品，定期检查库存食品，及时清理变质或者超过保质期的食品。消费者因不符合食品安全标准的食品受到损害的，可以向经营者要求赔偿损失，也可以向生产者要求赔偿损失。接到消费者赔偿要求的生产经营者，应当实行首负责任制，先行赔付，不得推诿；属于生产者责任的，经营者赔偿后有权向生产者追偿；属于经营者责任的，生产者赔偿后有权向经营者追偿。生产不符合食品安全标准的食品或者经营明知是不符合食品安全标准的食品，消费者除要求赔偿损失外，还可以向生产者或者经营者要求支付价款10倍或者损失3倍的赔偿金；增加赔偿的金额不足1000元的，为1000元。但是，食品的标签、说明书存在不影响食品安全且不会对消费者造成误导的瑕疵的除外。本案中，小王购买的两箱酸奶都属于过期食品，但小王未食用，未对其人身造成损害。根据上述法律规定，小王可以要求超市退货退款，同时，小王还可以要求超市支付价款10倍的赔偿。因此，小王对超市提出的要求都有法律依据，是合理的。

找法

《中华人民共和国民法典》

第一千二百零二条 因产品存在缺陷造成他人损害的，生产者应当承担侵权责任。

第一千二百零七条 明知产品存在缺陷仍然生产、销售，或者没有依据前条规定采取有效补救措施，造成他人死亡或者健康严重损害的，被侵权人有权请求相应的惩罚性赔偿。

《中华人民共和国食品安全法》

第五十四条 食品经营者应当按照保证食品安全的要求贮存食品，定期检查库存食品，及时清理变质或者超过保质期的食品。

食品经营者贮存散装食品，应当在贮存位置标明食品的名称、生产日期或者生产批号、保质期、生产者名称及联系方式等内容。

第一百四十八条 消费者因不符合食品安全标准的食品受到损害的，可以向经营者要求赔偿损失，也可以向生产者要求赔偿损失。接到消费者赔偿要求的生产经营者，应当实行首负责任制，先行赔付，不得推诿；属于生产者责任的，经营者赔偿后有权向生产者追偿；属于经营者责任的，生产者赔偿后有权向经营者追偿。

生产不符合食品安全标准的食品或者经营明知是不符合食品安全标准的食品，消费者除要求赔偿损失外，还可以向生产者或者经营者要求支付价款十倍或者损失三倍的赔偿金；增加赔偿的金额不足一千元的，为一千元。但是，食品的标签、说明书存在不影响食品安全且不会对消费者造成误导的瑕疵的除外。

举一反三

消费者买到过期食品时，可以通过以下途径维护自己的合法权益：消费者可以找商家协商，不能协商解决赔偿问题的，可以打12315热线投诉，如果仍不能解决赔偿问题，可以向法院提起诉讼。在此特别提醒广大消费者，诉讼中，消费者需要提出证据证明自己是在经营者的场所购买的过期食品。消费者发现买到过期食品后，可以先返回自己购买过期食品的经营场所查看同一批次的产品，直接用手机录像记录食品的生产日期、店铺的场景等关键信息作为证据留存，同时要保留购物小票。此外，消费者在选择、购买商品时要养成查看保质期的习惯，发现有过期食品积极举报。经营者也应该适时查验商品，及时地清理即将过期的食品。

一、普通消费纠纷

13 经营者存在欺诈消费者的行为，消费者该如何维权？

遇事

李女士觉得从网上买护肤品比较划算，所以经常从网上下单购买。有一次，李女士上网浏览商品时发现一款新型的、美白效果更好的护肤品，销售页面显示的赠品多式多样，于是李女士激情下单。李女士收货后发现，收到的赠品就一种，跟经营者在网页上展示的不一样。李女士跟经营者联系要求补发赠品或退货，但遭到经营者的拒绝。李女士的要求合理吗？

说法

在现实生活中，有些经营者为了谋取利益，在为消费者提供商品或服务过程中，对商品的价格、规格、成分、用途或者服务内容等进行夸大，欺骗、误导消费者购买其商品或者服务。根据《中华人民共和国消费者权益保护法》第8条、第55条的规定，消费者享有知悉其购买、使用的商品或者接受的服务的真实情况的权利。经营者提供商品或者服务有欺诈行为的，应当按照消费者的要求增加赔偿其受到的损失，增加赔偿的金额为消费者购买商品的价款或者接受服务的费用的3倍；增加赔偿的金额不足500元的，为500元。法律另有规定的，依照其规定。本案中，经营者承诺的是多样的赠品，而实际发给李女士的只有一种赠品，其行为明显诱导消费者，构成欺诈。根据上述法律规定，李女士可以要求经营者退货，并按自己支付价格的3倍赔偿。

找法

《中华人民共和国消费者权益保护法》

第八条 消费者享有知悉其购买、使用的商品或者接受的服务的真实情况的权利。

消费者有权根据商品或者服务的不同情况,要求经营者提供商品的价格、产地、生产者、用途、性能、规格、等级、主要成份、生产日期、有效期限、检验合格证明、使用方法说明书、售后服务,或者服务的内容、规格、费用等有关情况。

第五十五条 经营者提供商品或者服务有欺诈行为的,应当按照消费者的要求增加赔偿其受到的损失,增加赔偿的金额为消费者购买商品的价款或者接受服务的费用的三倍;增加赔偿的金额不足五百元的,为五百元。法律另有规定的,依照其规定。

经营者明知商品或者服务存在缺陷,仍然向消费者提供,造成消费者或者其他受害人死亡或者健康严重损害的,受害人有权要求经营者依照本法第四十九条、第五十一条等法律规定赔偿损失,并有权要求所受损失二倍以下的惩罚性赔偿。

举一反三

消费者在购买商品或接受服务过程中若遇到经营者欺诈行为,一定要学会巧妙地维护自己的权利。面对经营者的欺诈行为,消费者必须弄清楚以下这几点:

第一,能够主张退一赔三的主体只能是消费者本人,也即《中华人民共和国消费者权益保护法》第2条规定的消费者,是为生活消费需要购买、使用商品或者接受服务的人。若购物不是为了生活需要,而是为了再次出售等营利行为，就不是消费者，也就不能向经营者主张退一赔三。

第二，承担退一赔三的责任主体是经营者，也即《中华人民共和国消费者权益保护法》第3条规定的经营者，是为消费者提供其生产、销售的商品或者提供服务的主体。

第三，认定欺诈的标准要根据实际情况而定，不能一概而论。如买到假大牌时就看卖家是否宣称其所售商品是正品大牌。若卖家宣称所售商品是正品大牌而实际上是冒牌的，就可以认定为欺诈。倘若卖家在宣传时未明确说所售商品是正品大牌，只是使用该大牌的商标，并且出售的价格远低于正品大牌价格的，就不能认定卖家为欺诈。此外，也不能因为卖家用了绝对化的宣传用语而认定其欺诈，应该根据实际情况而定。

14 在饭店就餐时发现商家使用洗衣粉刷洗餐具，消费者该如何维权？

遇事

某日，柯某去一家餐厅吃饭，就餐完毕后，柯某上了一趟卫生间，路上刚好碰上餐厅洗碗工拿着一袋洗衣粉走过去。柯某觉得奇怪，就追上去询问洗碗工洗衣粉的用途，洗碗工说是用来刷洗餐具的。当晚，柯某身体不适，前往医院就诊。若柯某身体不适与餐厅使用洗衣粉刷洗餐具有关，柯某该如何维权？

说法

洗衣粉中含有大量的危害人体的化学成分，不能食用。商家使用洗衣粉刷洗餐具，再用这些餐具给顾客盛饭菜，可能导致顾客食入洗衣粉中的有害成分。根据《中华人民共和国食品安全法》第33条第1款第10项及第58条第1款的规定，食品生产经营应当符合食品安全标准，并且使用的洗涤剂、消毒剂应当对人体安全、无害。餐具、饮具集中消毒服务单位应当具备相应的作业场所、清洗消毒设备或者设施，用水和使用的洗涤剂、消毒剂应当符合相关食品安全国家标准和其他国家标准、卫生规范。由此，柯某可以根据上述法律规定向食品安全监督管理部门举报该餐厅。此外，根据《中华人民共和国消费者权益保护法》第49条的规定，经营者提供商品或者服务，造成消费者或者其他受害人人身伤害的，应当赔偿医疗费、护理费、交通费等为治疗和康复支出的合理费用，以及因误工减少的收入。造成残疾的，还应当赔偿残疾生活辅助具费和残疾赔偿金。造成死亡的，还应当赔偿丧葬费和死亡赔偿金。据此，若柯某身体不适与餐厅使用洗衣粉刷洗餐具有关，可以向餐厅经营者主张损害赔偿。

找法

《中华人民共和国食品安全法》

第三十三条 食品生产经营应当符合食品安全标准,并符合下列要求:

……

(十)使用的洗涤剂、消毒剂应当对人体安全、无害;

……

第五十八条第一款 餐具、饮具集中消毒服务单位应当具备相应的作业场所、清洗消毒设备或者设施,用水和使用的洗涤剂、消毒剂应当符合相关食品安全国家标准和其他国家标准、卫生规范。

第一百二十六条 违反本法规定,有下列情形之一的,由县级以上人民政府食品安全监督管理部门责令改正,给予警告;拒不改正的,处五千元以上五万元以下罚款;情节严重的,责令停产停业,直至吊销许可证:

……

(五)餐具、饮具和盛放直接入口食品的容器,使用前未经洗净、消毒或者清洗消毒不合格,或者餐饮服务设施、设备未按规定定期维护、清洗、校验;

……

餐具、饮具集中消毒服务单位违反本法规定用水,使用洗涤剂、消毒剂,或者出厂的餐具、饮具未按规定检验合格并随附消毒合格证明,或者未按规定在独立包装上标注相关内容的,由县级以上人民政府卫生行政部门依照前款规定给予处罚。

……

《中华人民共和国消费者权益保护法》

第四十九条 经营者提供商品或者服务,造成消费者或者其他受害人人身伤害的,应当赔偿医疗费、护理费、交通费等为治疗和康复支出的合理费用，以及因误工减少的收入。造成残疾的，还应当赔偿残疾生活辅助具费和残疾赔偿金。造成死亡的，还应当赔偿丧葬费和死亡赔偿金。

举一反三

外出就餐最担心的就是食品安全问题。经营者须按要求消毒、清洗餐具，保证餐具卫生。消费者遇到类似问题并要维权时，最难解决的是取证问题。这主要是因为一般情况下，消费者不容易进入餐厅的后厨进行取证，而能够证明餐厅刷洗餐具所用洗涤剂有问题的关键证据通常掌握在餐厅手里。根据《中华人民共和国民事诉讼法》第67条第2款的规定，当事人及其诉讼代理人因客观原因不能自行收集的证据，或者人民法院认为审理案件需要的证据，人民法院应当调查收集。因此，消费者可以根据上述规定要求法院让餐厅提交能够清楚展示餐具清洁工作全过程的监控录像以及平时所用的洗涤剂样品。

一、普通消费纠纷

15 在餐馆就餐时食物中出现蟑螂，消费者该怎么维权？

遇事

小张一家三口到一家特色餐馆去吃饭，因为心情好，就点了一桌好菜。一家三口吃得正开心的时候，女儿突然尖叫起来。小张赶紧抱起女儿，发现女儿面前的一道菜里有一只大蟑螂。小张很生气，要求饭馆退还本次消费支付的所有价款，餐馆辩驳说只有一道菜里出现了蟑螂，只退这一道菜的钱。面对餐馆的态度，小张该如何维权？

说法

根据《中华人民共和国食品安全法》第33条第1款第2项及第148条的规定，食品生产经营应当符合食品安全标准，并具有与生产经营的食品品种、数量相适应的生产经营设备或者设施，有相应的消毒、更衣、盥洗、采光、照明、通风、防腐、防尘、防蝇、防鼠、防虫、洗涤以及处理废水、存放垃圾和废弃物的设备或者设施。消费者因不符合食品安全标准的食品受到损害的，可以向经营者要求赔偿损失，也可以向生产者要求赔偿损失。接到消费者赔偿要求的生产经营者，应当实行首负责任制，先行赔付，不得推诿。生产不符合食品安全标准的食品或者经营明知是不符合食品安全标准的食品，消费者除要求赔偿损失外，还可以向生产者或者经营者要求支付价款10倍或者损失3倍的赔偿金。《中华人民共和国消费者权益保护法》第49条也对此作了相应的规定：经营者提供商品或者服务，造成消费者或者其他受害人人身伤害的，应当赔偿医疗费、护理费、交通费等为治疗和康复支出的合理费用，以及因误工减少的收入。造成残疾的，还应当赔偿残疾生活辅助具费和残疾赔偿金。造成死亡的，还应当赔偿丧葬费和死亡

043

赔偿金。本案中，餐馆提供的菜中出现蟑螂，其食品安全明显不达标，小张一家当然可以向餐馆要求退款，并可以要求本次消费支付价款10倍的赔偿金。若小张一家去医院检查，查出因食用安全不达标的食物而导致的身体受损情况，也可以要求餐馆赔偿其损失，同时可以主张损失3倍的赔偿款。但支付价款10倍或赔偿损失3倍的赔偿请求，小张一家只能选择其中一种主张。

找法

《中华人民共和国食品安全法》

第三十三条 食品生产经营应当符合食品安全标准，并符合下列要求：

......

（二）具有与生产经营的食品品种、数量相适应的生产经营设备或者设施，有相应的消毒、更衣、盥洗、采光、照明、通风、防腐、防尘、防蝇、防鼠、防虫、洗涤以及处理废水、存放垃圾和废弃物的设备或者设施；

......

第一百四十八条 消费者因不符合食品安全标准的食品受到损害的，可以向经营者要求赔偿损失，也可以向生产者要求赔偿损失。接到消费者赔偿要求的生产经营者，应当实行首负责任制，先行赔付，不得推诿；属于生产者责任的，经营者赔偿后有权向生产者追偿；属于经营者责任的，生产者赔偿后有权向经营者追偿。

生产不符合食品安全标准的食品或者经营明知是不符合食品安全标准的食品，消费者除要求赔偿损失外，还可以向生产者或者经营者要求支付价款十倍或者损失三倍的赔偿金；增加赔偿的金额不足一千元的，为一千元。但是，食品的标签、说明书存在不影响食品安全且不会对消费者造成误导的瑕疵的除外。

《中华人民共和国消费者权益保护法》

第四十九条 经营者提供商品或者服务，造成消费者或者其他受害人人身伤害的，应当赔偿医疗费、护理费、交通费等为治疗和康复支出的合理费用，以及因误工减少的收入。造成残疾的，还应当赔偿残疾生活辅助具费和残疾赔偿金。造成死亡的，还应当赔偿丧葬费和死亡赔偿金。

举一反三

消费者在餐厅就餐时，食物中出现虫子、头发等异物，属于食品安全问题。针对此类情况，消费者可以采取如下维权措施：

第一，消费者可以向经营者要求换货或退货。对此，消费者可以与经营者沟通，也可以向有关部门投诉，但要注意保留好食物样品和就餐证明。

第二，就餐之后若出现身体不适，在保留就餐证明及对有异物食品拍照、录视频之后，及时去医院就诊，同时要保留就医的相关证明，如病例、门诊就医记录。

16 在餐馆就餐时，停在餐馆停车场的车被剐蹭了，应该由谁承担赔偿损失？

遇事

小王跟同事去一家餐馆吃饭，把车停在餐馆院内的停车场。吃完饭出来，小王发现自己的车头刮了一道深深的划痕。小王跑去找保安询问，保安说没看到。于是，小王要求保安调取停车场的监控录像，录像内容显示，小王的车被另一个从餐馆就餐出来的消费者的车剐蹭到了。小王认为，是保安没有尽责才导致其车被蹭，要求餐馆赔偿其修理费，但餐馆拒绝赔偿。小王要求餐馆赔偿其修理费的要求合理吗？

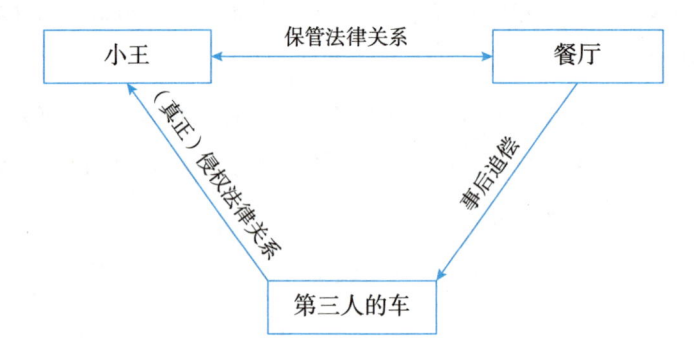

```
    小王 ──保管法律关系── 餐厅
      ＼                  ／
   （真正）           事后追偿
   侵权法律关系        ／
        ＼          ／
         第三人的车
```

说法

根据《中华人民共和国消费者权益保护法》第18条、第52条的规定，经营者应当保证其提供的商品或者服务符合保障人身、财产安全的要求。对可能危及人身、财产安全的商品和服务，应当向消费者作出真实的说明和明确的警示，并说明和标明正确使用商品或者接受服务的方法以及防止危害发生的方法。宾馆、商场、餐馆、银行、机场、车站、港口、影剧院等经营场所的经营者，应当对消费者尽到安全保障义务。经营者提供商品或者服务，造成消费者财产损害的，应当依照法律规定或者当事人约定承担修理、重作、更换、退货、补足商品数量、退还货款和服务费用或者赔偿损失等民事责任。根据《中华人民共和国民法典》第888条、第897条的规定，保管合同是保管人保管寄存人交付的保管物，并返还该物的合同。寄存人到保管人处从事购物、就餐、住宿等活动，将物品存放在指定场所的，视为保管，但是当事人另有约定或者另有交易习惯的除外。保管期内，因保管人保管不善造成保管物毁损、灭失的，保管人应当承担赔偿责任。但是，无偿保管人证明自己没有故意或者重大过失的，不承担赔偿责任。本案中，小王到餐馆就餐时把车停在餐馆院内的停车场，根据上述法律规定，小王与餐馆之间形成保管法律关系。小王就餐出来后发现车子被剐蹭了，询问保安，保安却说不知情，说明餐馆保安未尽到安全保障义务。因此，餐馆应该对小王的车受损承担赔偿责任。小王要求餐馆赔偿车子的修理费于法有据。

找法

《中华人民共和国消费者权益保护法》

第十八条 经营者应当保证其提供的商品或者服务符合保障人身、财产安全的要求。对可能危及人身、财产安全的商品和服务，应当向消费者作出真实的说明和明确的警示，并说明和标明正确使用商品或者接受服务的方法以及防止危害发生的方法。

宾馆、商场、餐馆、银行、机场、车站、港口、影剧院等经营场所的经营者，应当对消费者尽到安全保障义务。

第五十二条 经营者提供商品或者服务，造成消费者财产损害的，应当依照法律规定或者当事人约定承担修理、重作、更换、退货、补足商品数量、退还货款和服务费用或者赔偿损失等民事责任。

《中华人民共和国民法典》

第八百八十八条 保管合同是保管人保管寄存人交付的保管物，并返还该物的合同。

寄存人到保管人处从事购物、就餐、住宿等活动，将物品存放在指定场所的，视为保管，但是当事人另有约定或者另有交易习惯的除外。

第八百九十七条 保管期内，因保管人保管不善造成保管物毁损、灭失的，保管人应当承担赔偿责任。但是，无偿保管人证明自己没有故意或者重大过失的，不承担赔偿责任。

举一反三

在消费过程中，经营者对消费者的人身及财产负有安全保障义务，但经营者的这种义务不是绝对的。例如，当发生消费者在餐馆就餐时丢了包，车停在餐厅停车场时被撞等情况时，经营者是否要承担责任呢？实际上，我们在餐厅就餐时，经常会看到餐厅墙上贴有"保管好贵重物品"的提示，这就是经营者在履行其提示义务，可以理解为经营者已经尽到安全保障义务。如果消费者将随身携带的包放在自己周围，结果仍然丢失，那么经营者对此不承担责任。针对类似本案中车在餐厅停车场内被撞的情况，若保安对第三者的车进行引导的情况下仍然撞到了消费者的车，那经营者就被视为已经尽到安全保障义务，可以免责。但倘若餐厅停车场的保安根本没注意到此种情况或不在场而导致消费者的车被撞倒的，就可以认定经营者未尽到安全保障义务，经营者不可免责。因此，经营者一定要仔细检查自己的营业环境，以免侵害消费者的合法权益。尤其是商场、餐馆等，应对自己的服务人员加强培训，提高他们的安全意识。

一、普通消费纠纷

17 经营者在买卖合同中标注的内容与商品本身的材质不符,消费者如何维权?

遇事

张先生搬到新家后想买个高档皮质沙发,于是到家具市场选购。张先生在家具市场转了半天,终于看上一款沙发,经过老板的详细解说,张先生决定购买此款沙发,并跟老板签订了买卖合同,合同中对沙发材质的标注是意大利进口纯牛皮材质。张先生随后邀请亲朋好友到自己的新家做客,高档的沙发吸引了众人的眼球。张先生给大家介绍自己新买的沙发时,有一位朋友刚好是行家,说这款沙发不是纯牛皮的。张先生感到很没面子,便将沙发送到鉴定机构鉴定,鉴定结果为该款沙发掺杂了仿造牛皮。张先生很气愤,遂将商家告至法院,要求商家退货并赔偿损失。法院会支持张先生的诉讼请求吗?

说法

根据《中华人民共和国消费者权益保护法》第8条、第55条第1款的规定,消费者享有知悉其购买、使用的商品或者接受的服务的真实情况的权利。消费者有权根据商品或者服务的不同情况,要求经营者提供商品的价格、产地、生产者、用途、性能、规格、等级、主要成份、生产日期、有效期限、检验合格证明、使用方法说明书、售后服务,或者服务的内容、规格、费用等有关情况。经营者提供商品或者服务有欺诈行为的,应当按照消费者的要求增加赔偿其受到的损失,增加赔偿的金额为消费者购买商品的价款或者接受服务的费用的3倍;增加赔偿的金额不足500元的,为500元。法律另有规定的,依照其规定。根据《中华人民共和国民法典》第148条、第500条的规定,一方以欺诈手段,使对方在违背真实意思的情况下实施的民事法律行

049

为，受欺诈方有权请求人民法院或者仲裁机构予以撤销。当事人在订立合同过程中有下列情形之一，造成对方损失的，应当承担赔偿责任：（1）假借订立合同，恶意进行磋商；（2）故意隐瞒与订立合同有关的重要事实或者提供虚假情况；（3）有其他违背诚信原则的行为。本案中，张先生与家具经营者之间形成买卖合同法律关系，而经营者隐瞒了与商品材质有关的重大事项，也即经营者在买卖合同中标注的内容与商品本身的材质不符。因此，张先生可以通过诉讼或仲裁等途径要求商家退货，并按自己支付价格3倍要求赔偿。法院应当支持张先生的上述诉讼请求。

找法

《中华人民共和国民法典》

第一百四十八条 一方以欺诈手段，使对方在违背真实意思的情况下实施的民事法律行为，受欺诈方有权请求人民法院或者仲裁机构予以撤销。

第五百条 当事人在订立合同过程中有下列情形之一，造成对方损失的，应当承担赔偿责任：

（一）假借订立合同，恶意进行磋商；

（二）故意隐瞒与订立合同有关的重要事实或者提供虚假情况；

（三）有其他违背诚信原则的行为。

《中华人民共和国消费者权益保护法》

第八条 消费者享有知悉其购买、使用的商品或者接受的服务的真实情况的权利。

消费者有权根据商品或者服务的不同情况，要求经营者提供商品的价格、产地、生产者、用途、性能、规格、等级、主要成份、生产日期、有效期限、检验合格证明、使用方法说明书、售后服务，或者服务的内容、规格、费用等有关情况。

第五十五条 经营者提供商品或者服务有欺诈行为的，应当按照消费者的要求增加赔偿其受到的损失，增加赔偿的金额为消费者购买商品的价款或者接受服务的费用的三倍；增加赔偿的金额不足五百元的，为五百元。法律另有规定的，依照其规定。

经营者明知商品或者服务存在缺陷，仍然向消费者提供，造成消费者或者其他受害人死亡或者健康严重损害的，受害人有权要求经营者依照本法第四十九条、第五十一条等法律规定赔偿损失，并有权要求所受损失二倍以下的惩罚性赔偿。

举一反三

一般来说，常见的欺诈行为有虚假宣传、合同中对商品有不实描述、合同中标注的内容与商品本身的材质不符等。

首先，虚假宣传的认定比较容易，如在经营场所内对商品作引人误解的虚假文字标注、说明或者解释的。虚假宣传的方式方法是不能穷尽限定的，只要能达到引人误解的结果，对于消费者来说，都应认定为虚假宣传。

其次，合同中对商品的不实描述不一定属于虚假宣传，从而也不一定能被认定为经营者的欺诈行为。

最后，经营者在明知其所售商品的材质并非合同标注的材质的情况下，仍在合同中以文字标注的形式对商品材质的真实性作出承诺，又未按照该承诺交付货物的，该行为可以认定为欺诈。

因此，在此提醒广大消费者，购买贵重商品时，一定要看清楚合同的内容，尤其是商品的重要信息，如商品材质、规格、价格计算方法等，并保存好合同，学会识别消费欺诈行为，遇到欺诈时能及时维护自己的合法权益。

18 经营者相互串通操纵市场价格损害消费者利益，该怎么办？

遇事

离研究生入学考试还有一周时间，小张为了考试方便，提前在网上预订了离考点比较近的酒店。该酒店在网上预订页面显示的标准间房价是298元/天，小张就预订了3天。考试前一天，小张来到该酒店办理入住，但酒店前台说目前房价已经涨到798元/天。小张出示自己在网上预订的凭证，但酒店前台表示该类型的房间已经住满了，现在只剩798元/天的房间。由于第二天就要参加考试了，附近的酒店均已订满，小张无奈之下只能支付多出来的费用。小张之后可否要求酒店退还多付的费用？

说法

每年重要节庆、考试日，各类商品、酒店价格都会上涨，这种现象是否合理呢？根据《中华人民共和国价格法》的相关规定，商品价格和服务价格，除依照本法规定适用政府指导价或者政府定价外，实行市场调节价，由经营者依照本法自主制定。经营者定价，应当遵循公平、合法和诚实信用的原则。经营者不得相互串通，操纵市场价格，损害其他经营者或者消费者的合法权益。经营者因价格违法行为致使消费者或者其他经营者多付价款的，应当退还多付部分；造成损害的，应当依法承担赔偿责任。由此可知，虽然法律规定经营者可以自主定商品价格，但这种自主并不是没有界限的。本案中，酒店因恰逢考研旺季而涨价的行为违反了《中华人民共和国价格法》的相关规定，因此，小张可以要求酒店退还多付费用。

🔍 找法

《中华人民共和国价格法》

第六条 商品价格和服务价格，除依照本法第十八条规定适用政府指导价或者政府定价外，实行市场调节价，由经营者依照本法自主制定。

第七条 经营者定价，应当遵循公平、合法和诚实信用的原则。

第十四条 经营者不得有下列不正当价格行为：

（一）相互串通，操纵市场价格，损害其他经营者或者消费者的合法权益；

（二）在依法降价处理鲜活商品、季节性商品、积压商品等商品外，为了排挤竞争对手或者独占市场，以低于成本的价格倾销，扰乱正常的生产经营秩序，损害国家利益或者其他经营者的合法权益；

（三）捏造、散布涨价信息，哄抬价格，推动商品价格过高上涨的；

（四）利用虚假的或者使人误解的价格手段，诱骗消费者或者其他经营者与其进行交易；

（五）提供相同商品或者服务，对具有同等交易条件的其他经营者实行价格歧视；

（六）采取抬高等级或者压低等级等手段收购、销售商品或者提供服务，变相提高或者压低价格；

（七）违反法律、法规的规定牟取暴利；

（八）法律、行政法规禁止的其他不正当价格行为。

第四十一条 经营者因价格违法行为致使消费者或者其他经营者多付价款的，应当退还多付部分；造成损害的，应当依法承担赔偿责任。

举一反三

　　商家为自己谋利是无可厚非，根据市场需求适当调整商品价格是法律赋予商家的权利，但商家不能肆无忌惮，尤其是重要考试期间，商家不能肆意哄抬酒店价格。在此，需要区分价格欺诈与价格串通的区别。价格欺诈，是指经营者使用虚假的或者容易使人误解的标价形式或者价格手段，欺骗、诱导消费者或者其他经营者与其进行交易的行为。价格串通，是指相互串通，操纵市场价格，损害其他经营者或者消费者的合法权益。

　　两者的区别在于：第一，价格欺诈的主体是单个的经营者；价格串通的主体是多个经营者。第二，价格欺诈最显著的特征是欺骗消费者来谋取利益，是典型的欺诈行为，其直接影响是破坏市场规则。价格串通最显著的特征是破坏良性竞争，规避竞争对定价行为的约束，最终破坏市场规则。两者的共同点在于，以违法行为扰乱市场经济规则。

　　对此类行为，消费者要提高警惕，学会合理维权，如消费者要注意收集证据，积极与商家协商，若协商无果，及时向有关部门反映情况。

19 所购买的食品不是消费者选定的厂家生产的，消费者该如何维权？

遇事

小美习惯每天早上喝一杯蜂蜜水。最近因家里的蜂蜜吃完了，小美在网上下单购买了一罐蜂蜜。小美很看重蜂蜜的质量，所以特意选了知名A蜂蜜厂生产的蜂蜜。下单之前，小美联系了客服，咨询其购买的商品是否为A蜂蜜厂生产，得到商家肯定后才放心下单。但收到货之后，小美仔细查看商品信息，发现其收到的蜂蜜不是A蜂蜜厂生产的，而是跟A蜂蜜厂名称十分相似的B厂家生产的。于是，小美找到商家，以商品为假冒产品为由，要求商家退货。商家会给小美退货吗？

说法

经营者不能为了获利，出售假冒伪劣产品，从而损害消费者的合法权益。消费者有比较、鉴别和挑选商品的权利，而经营者有如实提供商品信息的义务。根据《中华人民共和国消费者权益保护法》第24条、第25条的规定，经营者提供的商品或者服务不符合质量要求的，消费者可以依照国家规定、当事人约定退货，或者要求经营者履行更换、修理等义务。没有国家规定和当事人约定的，消费者可以自收到商品之日起7日内退货；7日后符合法定解除合同条件的，消费者可以及时退货，不符合法定解除合同条件的，可以要求经营者履行更换、修理等义务。依照前款规定进行退货、更换、修理的，经营者应当承担运输等必要费用。经营者采用网络、电视、电话、邮购等方式销售商品，消费者有权自收到商品之日起7日内退货，且无需说明理由，但下列商品除外：（1）消费者定作的；（2）鲜活易腐的；（3）在线下载或者消费者拆封的音像制品、计算机软件等数字化商品；（4）交付的报纸、

055

期刊。本案中，商家为了谋取利益谎称小美购买的蜂蜜是知名A蜂蜜厂生产的，显然是假冒产品，而且，蜂蜜不属于《中华人民共和国消费者权益保护法》规定的不得7天无理由退货的商品范畴。因此，小美可以要求商家退货，这过程中产生的运费由商家承担。

找法

《中华人民共和国消费者权益保护法》

第二十四条 经营者提供的商品或者服务不符合质量要求的，消费者可以依照国家规定、当事人约定退货，或者要求经营者履行更换、修理等义务。没有国家规定和当事人约定的，消费者可以自收到商品之日起七日内退货；七日后符合法定解除合同条件的，消费者可以及时退货，不符合法定解除合同条件的，可以要求经营者履行更换、修理等义务。

依照前款规定进行退货、更换、修理的，经营者应当承担运输等必要费用。

第二十五条 经营者采用网络、电视、电话、邮购等方式销售商品，消费者有权自收到商品之日起七日内退货，且无需说明理由，但下列商品除外：

（一）消费者定作的；

（二）鲜活易腐的；

（三）在线下载或者消费者拆封的音像制品、计算机软件等数字化商品；

（四）交付的报纸、期刊。

除前款所列商品外，其他根据商品性质并经消费者在购买时确认不宜退货的商品，不适用无理由退货。

消费者退货的商品应当完好。经营者应当自收到退回商品之日起七日内返还消费者支付的商品价款。退回商品的运费由消费者承担；经营者和消费者另有约定的，按照约定。

《中华人民共和国食品安全法》

第一百三十一条第二款 消费者通过网络食品交易第三方平台购买食品，其合法权益受到损害的，可以向入网食品经营者或者食品生产者要求赔偿。网络食品交易第三方平台提供者不能提供入网食品经营者的真实名称、地址和有效联系方式的，由网络食品交易第三方平台提供者赔偿。网络食品交易第三方平台提供者赔偿后，有权向入网食品经营者或者食品生产者追偿。网络食品交易第三方平台提供者作出更有利于消费者承诺的，应当履行其承诺。

举一反三

当消费者发现商家存在不符合食品安全标准的行为时，有多种合法且有效的途径来维护自身权益。首先，消费者可以尝试与商家进行友好协商，寻求问题的妥善解决；若协商无果，消费者还可拨打12315热线，向相关部门反映情况。此外，若问题较为复杂或涉及较大利益，消费者也可选择通过仲裁或诉讼等法律手段来捍卫自己的合法权益。

与此同时，无论消费者是通过线上网购平台还是线下实体店购买食品，都务必仔细查看食品包装上的各类信息，尤其是与食品安全紧密相关的内容，如生产日期、保质期、配料表、生产厂家及许可证编号等，以确保所购食品符合安全标准。

20 不明身份的第三人闯入酒店伤害消费者，应该由谁承担损害赔偿责任？

遇事

王某在外地出差，结束一天的工作后，拖着疲惫的身体回到酒店，刚进到酒店大厅，就发现有一个身份不明的男子跟着自己。王某四处张望，没有发现酒店服务人员，连保安也不在，准备掏出手机报警。此时，陌生男子跑过来殴打王某，王某大声呼喊"救命"。过了两分钟左右，酒店保安人员才跑过来制服该陌生男子。王某被打成重伤，住院治疗3个月。王某可以向酒店索赔吗？

说法

根据《中华人民共和国消费者权益保护法》第18条、第49条的规定，经营者应当保证其提供的商品或者服务符合保障人身、财产安全的要求。宾馆、商场、餐馆、银行、机场、车站、港口、影剧院等经营场所的经营者，应当对消费者尽到安全保障义务。经营者提供商品或者服务，造成消费者或者其他受害人人身伤害的，应当赔偿医疗费、护理费、交通费等为治疗和康复支出的合理费用，以及因误工减少的收入。造成残疾的，还应当赔偿残疾生活辅助具费和残疾赔偿金。造成死亡的，还应当赔偿丧葬费和死亡赔偿金。根据《中华人民共和国民法典》第1198条第2款的规定，因第三人的行为造成他人损害的，由第三人承担侵权责任；经营者、管理者或者组织者未尽到安全保障义务的，承担相应的补充责任。经营者、管理者或者组织者承担补充责任后，可以向第三人追偿。本案中，酒店大厅应有保安人员24小时值守，但王某返回入住酒店时，保安人员擅自离开岗位，没有及时履行安全保障义务，导致第三人对王某进行殴打，显然酒店未尽到法律规定的安全保障义务。因此，酒店应该对王某的损失承担相应的赔偿责任。

一、普通消费纠纷

🔍 找法

《中华人民共和国民法典》

第一千一百九十八条 宾馆、商场、银行、车站、机场、体育场馆、娱乐场所等经营场所、公共场所的经营者、管理者或者群众性活动的组织者，未尽到安全保障义务，造成他人损害的，应当承担侵权责任。

因第三人的行为造成他人损害的，由第三人承担侵权责任；经营者、管理者或者组织者未尽到安全保障义务的，承担相应的补充责任。经营者、管理者或者组织者承担补充责任后，可以向第三人追偿。

《中华人民共和国消费者权益保护法》

第十八条 经营者应当保证其提供的商品或者服务符合保障人身、财产安全的要求。对可能危及人身、财产安全的商品和服务，应当向消费者作出真实的说明和明确的警示，并说明和标明正确使用商品或者接受服务的方法以及防止危害发生的方法。

宾馆、商场、餐馆、银行、机场、车站、港口、影剧院等经营场所的经营者，应当对消费者尽到安全保障义务。

第四十九条 经营者提供商品或者服务，造成消费者或者其他受害人人身伤害的，应当赔偿医疗费、护理费、交通费等为治疗和康复支出的合理费用，以及因误工减少的收入。造成残疾的，还应当赔偿残疾生活辅助具费和残疾赔偿金。造成死亡的，还应当赔偿丧葬费和死亡赔偿金。

🔍 举一反三

在商场、车站、娱乐场所等公共场所，若发生第三人对消费者的侵害事件，经营者承担补充赔偿责任，但以经营者有过错为前提。比

059

如，在商场里，若因保安巡逻不到位，致使第三人在商场内殴打消费者，商场因未尽到安全保障义务，须承担补充赔偿责任。在车站里，若因安保管理疏漏，第三人闯入候车区伤害旅客，车站经营者同样可能因未履行好安全保障义务，须承担补充赔偿责任。若经营者能证明已尽到安全保障义务（如及时报警或劝阻），可适当减免责任。经营者承担责任后，可向第三人追偿，但须自行承担举证风险。消费者遇到此类情况，应在第一时间报警，留存相关证据，与公共场所经营者协商赔偿，协商不成的，可通过法律途径维护自身合法权益。

一、普通消费纠纷

21 儿童在游泳池内溺亡，家属如何主张损害赔偿请求？

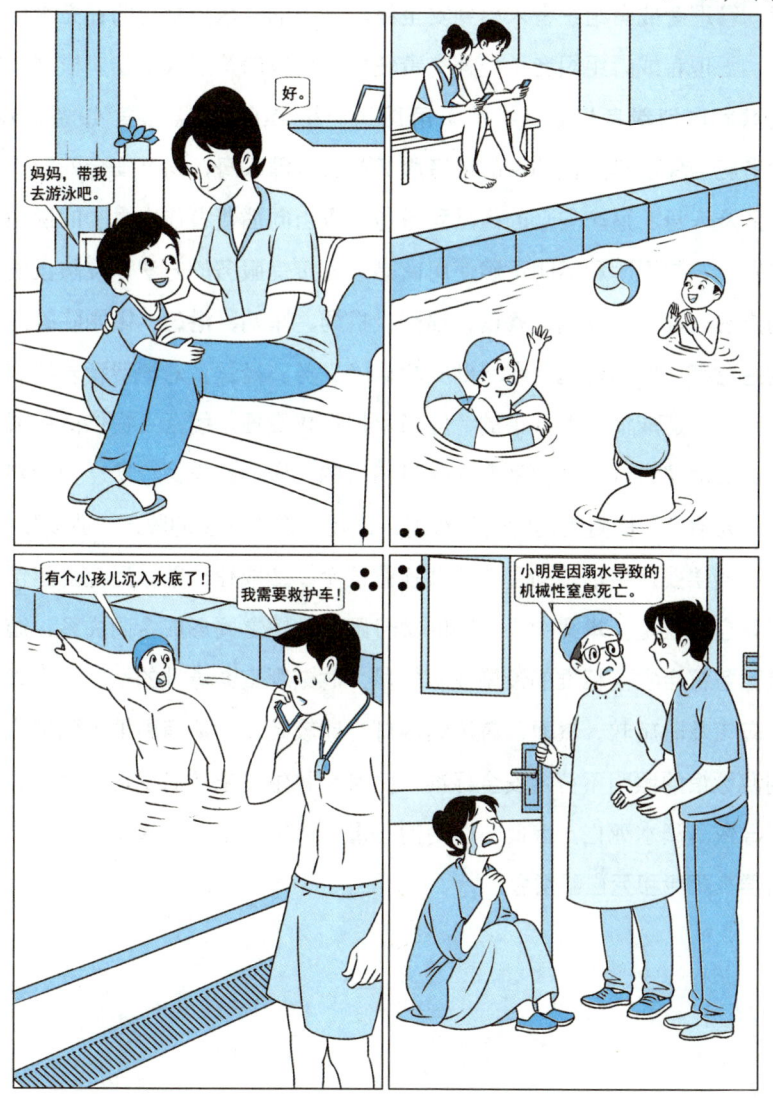

遇事

扫一扫，听案情

061

说法

根据《中华人民共和国民法典》第1198条的规定，宾馆、商场、银行、车站、机场、体育场馆、娱乐场所等经营场所、公共场所的经营者、管理者或者群众性活动的组织者，未尽到安全保障义务，造成他人损害的，应当承担侵权责任。因第三人的行为造成他人损害的，由第三人承担侵权责任；经营者、管理者或者组织者未尽到安全保障义务的，承担相应的补充责任。经营者、管理者或者组织者承担补充责任后，可以向第三人追偿。根据《中华人民共和国消费者权益保护法》第18条、第48条第2款及第49条的规定，经营者应当保证其提供的商品或者服务符合保障人身、财产安全的要求。对可能危及人身、财产安全的商品和服务，应当向消费者作出真实的说明和明确的警示，并说明和标明正确使用商品或者接受服务的方法以及防止危害发生的方法。宾馆、商场、餐馆、银行、机场、车站、港口、影剧院等经营场所的经营者，应当对消费者尽到安全保障义务。经营者对消费者未尽到安全保障义务，造成消费者损害的，应当承担侵权责任。经营者提供商品或者服务，造成消费者或者其他受害人人身伤害的，应当赔偿医疗费、护理费、交通费等为治疗和康复支出的合理费用，以及因误工减少的收入。造成残疾的，还应当赔偿残疾生活辅助具费和残疾赔偿金。造成死亡的，还应当赔偿丧葬费和死亡赔偿金。本案中，小明的父母跟游泳馆之间形成合同关系，游泳馆应该配备符合安全标准的设施及救生员，时刻观察游泳池的情况，发现有异常，应该及时施救。然而，游泳馆内灯光比较暗，不能清晰地见到池底，这说明游泳馆的照明不符合安全标准，而且，救生员未及时发现小明的异常情况，导致其溺水死亡。因此，小明的父母可以根据上述法律规定向游泳馆主张赔偿丧葬费和死亡赔偿金。

一、普通消费纠纷

🔍 **找法**

《中华人民共和国民法典》

第一千一百九十八条 宾馆、商场、银行、车站、机场、体育场馆、娱乐场所等经营场所、公共场所的经营者、管理者或者群众性活动的组织者，未尽到安全保障义务，造成他人损害的，应当承担侵权责任。

因第三人的行为造成他人损害的，由第三人承担侵权责任；经营者、管理者或者组织者未尽到安全保障义务的，承担相应的补充责任。经营者、管理者或者组织者承担补充责任后，可以向第三人追偿。

《中华人民共和国消费者权益保护法》

第七条 消费者在购买、使用商品和接受服务时享有人身、财产安全不受损害的权利。

消费者有权要求经营者提供的商品和服务，符合保障人身、财产安全的要求。

第十八条 经营者应当保证其提供的商品或者服务符合保障人身、财产安全的要求。对可能危及人身、财产安全的商品和服务，应当向消费者作出真实的说明和明确的警示，并说明和标明正确使用商品或者接受服务的方法以及防止危害发生的方法。

宾馆、商场、餐馆、银行、机场、车站、港口、影剧院等经营场所的经营者，应当对消费者尽到安全保障义务。

第四十八条第二款 经营者对消费者未尽到安全保障义务，造成消费者损害的，应当承担侵权责任。

第四十九条 经营者提供商品或者服务，造成消费者或者其他受害人人身伤害的，应当赔偿医疗费、护理费、交通费等为治疗和康复支出的合理费用，以及因误工减少的收入。造成残疾的，还应当赔偿残疾生活辅助具费和残疾赔偿金。造成死亡的，还应当赔偿丧葬费和死亡赔偿金。

举一反三

溺水是威胁青少年生命安全的隐形杀手。在人们的印象中,青少年溺水事件大多发生在缺乏安全设施的江河、人工池塘、水库等地方。但很多人不知道的是,设施齐全的游泳馆也会发生溺水悲剧,且并非个例。游泳馆与消费者之间形成合同关系,应该认真履行自己的各项义务,尤其是尽到安全保障义务,要确保游泳环境符合相关标准,保障消费者的安全。同时,未成年人的家长作为孩子安全的第一责任人,应该结合未成年人的生理、心理、智力发展状况等,采取必要的措施,防止未成年人处于危险之中,并进行相关安全知识教育,增强其自我保护的意识和能力。

一、普通消费纠纷

22 谁来承担商品存在瑕疵的证明责任?

遇事

小美打算搬到新家,还缺一台电冰箱,看到家附近的一家商场在做家电优惠促销活动,就去买了一台电冰箱。买回家2个月之后,小美发现这台电冰箱的散热功能不是特别好,于是去商场要求商家退货或者给自己换一个新的电冰箱。但商家以小美必须提出电冰箱质量存在瑕疵的相关检测报告为由拒绝了小美的要求。本案中应该由谁来举证证明电冰箱质量存在瑕疵?

说法

根据《中华人民共和国消费者权益保护法》第23条第1款、第3款的规定,经营者应当保证在正常使用商品或者接受服务的情况下其提供的商品或者服务应当具有的质量、性能、用途和有效期限;但消费者在购买该商品或者接受该服务前已经知道其存在瑕疵,且存在该瑕疵不违反法律强制性规定的除外。经营者提供的机动车、计算机、电视机、电冰箱、空调器、洗衣机等耐用商品或者装饰装修等服务,消费者自接受商品或者服务之日起6个月内发现瑕疵,发生争议的,由经营者承担有关瑕疵的举证责任。本案中,小美购买的电冰箱属于上述法律中规定的"耐用商品",其买回电冰箱2个月后发现其散热功能不好,经营者不能要求小美提供证明电冰箱质量存在瑕疵的证明,而应该自己举证证明电冰箱不存在瑕疵。因此,本案中商家的拒绝于法无据。

找法

《中华人民共和国消费者权益保护法》

第二十三条 经营者应当保证在正常使用商品或者接受服务的情况下其提供的商品或者服务应当具有的质量、性能、用途和有效期限；但消费者在购买该商品或者接受该服务前已经知道其存在瑕疵，且存在该瑕疵不违反法律强制性规定的除外。

经营者以广告、产品说明、实物样品或者其他方式表明商品或者服务的质量状况的，应当保证其提供的商品或者服务的实际质量与表明的质量状况相符。

经营者提供的机动车、计算机、电视机、电冰箱、空调器、洗衣机等耐用商品或者装饰装修等服务，消费者自接受商品或者服务之日起六个月内发现瑕疵，发生争议的，由经营者承担有关瑕疵的举证责任。

举一反三

目前，消费者维权难主要表现在四个方面：一是市场缺诚信；二是诉讼举证难；三是维权成本高；四是精力耗不起。按照法律的一般原则，谁主张谁举证，消费者在维权时要承担举证责任。但由于一些商品和服务技术含量高，消费者维权困难。为解决消费者维权难、维权成本高的问题，《中华人民共和国消费者权益保护法》规定对部分商品和服务的举证责任进行倒置。实行举证责任倒置，把本来应该由消费者承担的举证责任合理分配给经营者，突破了"谁主张、谁举证"的一般举证规则。因为经营者与消费者的信息不对称，消费者很难举证证明产品的瑕疵所在，但经营者对自己产品的瑕疵却比较清楚。实行举证责任倒置，在消费者提起诉讼后，经营者若不能提交充分证据证明商品没有质量问题的，或者无法证明损害是由消费者使用不当等原因造成的，应承担举证不能的不利后果。①

---

① 参见《民法dian亮生活|〈消费者权益保护法〉中规定消费者维权时的举证责任倒置》，载"山西华炬律师事务所"微信公众号，https://mp.weixin.qq.com/s/Jn-aQaXQn7yqYuL0JERwGA，最后访问日期：2025年5月13日。

二 网络购物消费纠纷

遇事找法——消费者权益保护一站式法律指引

23. 网购后卖家"跑路"了，联系不上卖家，谁来赔偿消费者的损失？

遇事

阿美平时喜欢网购，最近看上了一家网店售卖的一套首饰。这套首饰的材质说明上标注的是银，承诺不会氧化，阿美看完后就放心大胆地下单了。阿美收货后迫不及待地拆开包裹，看着精美的首饰，心里很欢喜，随后就戴上了这套首饰。但戴到第五天的时候，阿美发现项链的一部分已经氧化了。阿美非常气愤，连忙联系卖家，但卖家已经从平台上下架了。阿美应该找谁要求赔偿损失？

说法

网购中，消费者与电子经营者之间形成的法律关系要受《中华人民共和国电子商务法》的调整。根据《中华人民共和国电子商务法》第27条第1款及第31条的规定，电子商务平台经营者应当要求申请进入平台销售商品或者提供服务的经营者提交其身份、地址、联系方式、行政许可等真实信息，进行核验、登记，建立登记档案，并定期核验更新。电子商务平台经营者应当记录、保存平台上发布的商品和服务信息、交易信息，并确保信息的完整性、保密性、可用性。商品和服务信息、交易信息保存时间自交易完成之日起不少于3年；法律、行政法规另有规定的，依照其规定。根据《中华人民共和国消费者权益保护法》第44条的规定，消费者通过网络交易平台购买商品或者接受服务，其合法权益受到损害的，可以向销售者或者服务者要求赔偿。网络交易平台提供者不能提供销售者或者服务者的真实名称、地址和有效联系方式的，消费者也可以向网络交易平台提供者要求赔偿；网络交易平台提供者作出更有利于消费者的承诺的，应当履行承诺。网络交易平台提供者赔偿后，有权向销售者或者服务者追偿。网络交易平台提供者明知或者应知销售者或者服务者利用其平台侵害消费者合法权益，未采取必要措施的，依法与该销售者或者服务者承担连带责任。由此可知，本案中，卖家"跑路"，阿美可以根据上述法律规定，联系网购平台，要求平台提供商家的联系方式，若平台提供不了，阿美可以要求平台赔偿其损失。

找法

《中华人民共和国电子商务法》

第二十七条第一款 电子商务平台经营者应当要求申请进入平台销售商品或者提供服务的经营者提交其身份、地址、联系方式、行政许可等真实信息，进行核验、登记，建立登记档案，并定期核验更新。

第三十一条 电子商务平台经营者应当记录、保存平台上发布的商品和服务信息、交易信息，并确保信息的完整性、保密性、可用性。商品和服务信息、交易信息保存时间自交易完成之日起不少于三年；法律、行政法规另有规定的，依照其规定。

《中华人民共和国消费者权益保护法》

第四十四条 消费者通过网络交易平台购买商品或者接受服务，其合法权益受到损害的，可以向销售者或者服务者要求赔偿。网络交易平台提供者不能提供销售者或者服务者的真实名称、地址和有效联系方式的，消费者也可以向网络交易平台提供者要求赔偿；网络交易平台提供者作出更有利于消费者的承诺的，应当履行承诺。网络交易平台提供者赔偿后，有权向销售者或者服务者追偿。

网络交易平台提供者明知或者应知销售者或者服务者利用其平台侵害消费者合法权益，未采取必要措施的，依法与该销售者或者服务者承担连带责任。

举一反三

在电子商务愈发便捷的时代，网络平台的经营者要严格遵守《中华人民共和国电子商务法》的相关规定，严格审核、按规定保留入驻商家的真实身份信息。即使商家在网络平台经营的商铺已注销，但并不妨碍消费者通过网络平台查找入驻商家的真实身份并主张权利，消费者可以通过订单号向网络申请披露对方的会员信息，以此认定已注销电商的经营者身份，消费者便可依法向该经营者主张权利。[1]

---

[1] 参见《电商"跑路"，维权难？法院判了！》，载"长沙中院"微信公众号，https://mp.weixin.qq.com/s/DZHT7T4vaQAKn4Q9lg1Hfw，最后访问日期：2025年5月13日。

24 快递运输中包裹破损、物品损坏由谁承担损害赔偿责任？

遇事

李先生在某短视频应用里看到大家都在晒空气炸锅，于是也从网上买了一款空气炸锅。李先生收到包裹一看，包裹外表已经破损，拆箱之后发现空气炸锅的盖子损坏了。李先生很生气，就找卖家要求退货，但卖家以发货时货物质量没问题为由，让李先生找快递公司赔偿。本案中应该由谁来承担李先生的损失呢？

说法

根据《中华人民共和国民法典》第604条的规定，通过互联网等信息网络订立的电子合同的标的为交付商品并采用快递物流方式交付的，收货人的签收时间为交付时间。标的物毁损、灭失的风险，在标的物交付之前由出卖人承担，交付之后由买受人承担，但是法律另有规定或者当事人另有约定的除外。由此可知，买卖合同履行过程中标的物的风险转移适用交付转移规则，也即以标的物是否交付为界限来划定出卖人和买受人的风险承担，交付之前的风险由出卖人承担，交付之后的风险由买受人承担。在网络购物中，快递物流是一种常见的交付方式，以收货人的签收时间为分界线区分标的物是处于交付前还是交付后的状态。根据《中华人民共和国民法典》第512条第1款及《中华人民共和国电子商务法》第51条的规定，通过互联网等信息网络订立的电子合同的标的为交付商品并采用快递物流方式交付的，收货人的签收时间为交付时间。由此可知，网购商品在途中是处于交付前的状态，在运输过程中出现的任何风险应由出卖人承担。本案中，李先生找商家赔偿损失于法有据，卖家不得拒绝，也即应由卖家赔偿李先生的损失。

找法

《中华人民共和国民法典》

第五百一十二条第一款 通过互联网等信息网络订立的电子合同的标的为交付商品并采用快递物流方式交付的,收货人的签收时间为交付时间。电子合同的标的为提供服务的,生成的电子凭证或者实物凭证中载明的时间为提供服务时间;前述凭证没有载明时间或者载明时间与实际提供服务时间不一致的,以实际提供服务的时间为准。

第六百零四条 标的物毁损、灭失的风险,在标的物交付之前由出卖人承担,交付之后由买受人承担,但是法律另有规定或者当事人另有约定的除外。

《中华人民共和国电子商务法》

第五十一条第一款 合同标的为交付商品并采用快递物流方式交付的,收货人签收时间为交付时间。合同标的为提供服务的,生成的电子凭证或者实物凭证中载明的时间为交付时间;前述凭证没有载明时间或者载明时间与实际提供服务时间不一致的,实际提供服务的时间为交付时间。

举一反三

网购过程中,快递包裹丢失或者被损坏的情况时有发生。根据《中华人民共和国民法典》及《中华人民共和国电子商务法》的相关规定,产品运输过程中的风险承担可以按照约定处理,若没有约定,再按照法律的相关规定处理,即在发货过程中出现的所有的商业风险、运输风险均由经营者(商家)来承担,除非消费者自行选择其他快递公司。具体来说,广大消费者在网购时一定要注意以下几点:

二、网络购物消费纠纷

第一，网购时，消费者不要自选快递公司，尽量使用经营者（商家）默认的快递公司，这样能够要求商家承担商品运输过程中的风险责任。

第二，消费者收到快递时应当当场及时检验，一旦发现了包裹有损坏或者短缺的，应要求快递员当场开具物品损坏或丢失证明，认定责任，以便消费者后期维权。

第三，若丢失或破损的是贵重物品，消费者可以第一时间选择报案，及时向公安机关提供证据材料。

25 网购中因退换货产生的运费应该由谁承担？

遇事

小艾最近网购了一款充电宝，收货当天，小艾给充电宝充了一晚上的电。但是第二天，小艾发现这款充电宝根本充不上电。于是，小艾联系卖家要求换货。卖家表示，换货可以，但运费由小艾自己承担。卖家的说法是否合理？

说法

根据《中华人民共和国消费者权益保护法》第24条、第25条的规定，经营者提供的商品或者服务不符合质量要求的，消费者可以依照国家规定、当事人约定退货，或者要求经营者履行更换、修理等义务。没有国家规定和当事人约定的，消费者可以自收到商品之日起7日内退货；7日后符合法定解除合同条件的，消费者可以及时退货，不符合法定解除合同条件的，可以要求经营者履行更换、修理等义务。依照前款规定进行退货、更换、修理的，经营者应当承担运输等必要费用。消费者退货的商品应当完好。经营者应当自收到退回商品之日起7日内返还消费者支付的商品价款。退回商品的运费由消费者承担；经营者和消费者另有约定的，按照约定。本案中，小艾要求换充电宝是因为充电宝的质量不符合要求，一般情况下，新款充电宝充电一晚上不会发生充不上电的情况。因此，卖家的说法不合理，小艾可以要求卖家换一款新的充电宝，且可以要求由卖家承担由此产生的运费。

🔍 找法

《中华人民共和国消费者权益保护法》

第二十四条 经营者提供的商品或者服务不符合质量要求的，消费者可以依照国家规定、当事人约定退货，或者要求经营者履行更换、修理等义务。没有国家规定和当事人约定的，消费者可以自收到商品之日起七日内退货；七日后符合法定解除合同条件的，消费者可以及时退货，不符合法定解除合同条件的，可以要求经营者履行更换、修理等义务。

依照前款规定进行退货、更换、修理的，经营者应当承担运输等必要费用。

第二十五条 消费者退货的商品应当完好。经营者应当自收到退回商品之日起七日内返还消费者支付的商品价款。退回商品的运费由消费者承担；经营者和消费者另有约定的，按照约定。

举一反三

在网购中，经常会出现消费者因各种原因要求卖家退货或换货的情况，这过程中运费的承担是双方都比较关注的问题。运费具体由谁承担，要看退货或换货产生的原因：(1) 若消费者因快递破损而要求退货的，则应按照风险转移规则来分配运费的承担方式。(2) 若快递完好无损，但因商品质量出现问题，消费者要求退货或换货的，由此产生的运费由卖家承担。(3) 若因消费者自身原因要求退货或换货的，由消费者（买家）承担运费。

此外，电子商务经营者在平台上一定要以显著的方式标明因各种因素出现退货或换货时的运费承担规则，但不得违反相关法律强制性规定。

26 网购付完款后，卖家以缺货为由不发货，消费者该如何维权？

遇事

萨女士在浏览某网购平台时，看上了一双明星同款鞋子，就毫不犹豫地下单了。萨女士满心欢喜地等待着，然而下单后第四天，卖家以这款鞋子缺货为由，把钱退给了萨女士。萨女士可否要求卖家承担违约责任？

说法

根据《中华人民共和国民法典》第566条第2款、第598条的规定，出卖人应当履行向买受人交付标的物或者交付提取标的物的单证，并转移标的物所有权的义务。合同因违约解除的，解除权人可以请求违约方承担违约责任，但是当事人另有约定的除外。此外，根据《中华人民共和国电子商务法》第74条的规定，电子商务经营者销售商品或者提供服务，不履行合同义务或者履行合同义务不符合约定，或者造成他人损害的，依法承担民事责任。本案中，萨女士在某网络平台上的店铺下单，与该店铺之间形成买卖合同法律关系。现该店铺卖家未履行合同的交付义务，构成违约，萨女士可以向卖家主张违约赔偿请求。

找法

《中华人民共和国民法典》

第五百六十六条第二款 合同因违约解除的，解除权人可以请求违约方承担违约责任，但是当事人另有约定的除外。

二、网络购物消费纠纷

第五百九十八条 出卖人应当履行向买受人交付标的物或者交付提取标的物的单证，并转移标的物所有权的义务。

《中华人民共和国电子商务法》

第七十四条 电子商务经营者销售商品或者提供服务，不履行合同义务或者履行合同义务不符合约定，或者造成他人损害的，依法承担民事责任。

举一反三

无论是线下交易还是线上交易，都属于平等主体之间的民事行为。依法成立的合同对双方当事人都具有约束力，没有发生法律规定的合同解除情形或当事人约定解除合同的，任何一方不得随意解除合同，都应当按照《中华人民共和国民法典》的规定履行各自的合同义务。消费者遇到与本案类似的情况时，可以根据双方之间订立的合同要求对方继续履行合同义务，若对方无法履行，可以向其主张违约损害赔偿。此外，经营者应该本着诚实信用原则进行交易，发布商品购买链接之前一定要检查货源是否充足，以免产生不必要的纠纷。

27 网购中消费者对哪些商品不能要求七天无理由退货？

遇事

小王想在七夕向其心仪已久的女孩表白。于是，小王在某平台上的某个网店上定制了一款刻有自己名字的项链，想在表白时作为定情物送给女孩。收到货后，小王发现这项链的品质不太理想，因此想要退货。小王联系卖家并提出自己是根据"七天无理由退货"规则退掉项链。但卖家拒绝了小王，小王有些疑惑。卖家的拒绝合理吗？

说法

根据《中华人民共和国消费者权益保护法》第25条第1款的规定，经营者采用网络、电视、电话、邮购等方式销售商品，消费者有权自收到商品之日起七日内退货，且无需说明理由，但下列商品除外：（1）消费者定作的；（2）鲜活易腐的；（3）在线下载或者消费者拆封的音像制品、计算机软件等数字化商品；（4）交付的报纸、期刊。本案中，小王购买的项链是专门为其心仪的女孩定制的，不适用上述法律规定的"七天无理由退货"规则，卖家拒绝退货是合理的。

找法

《中华人民共和国消费者权益保护法》

第二十五条 经营者采用网络、电视、电话、邮购等方式销售商品，消费者有权自收到商品之日起七日内退货，且无需说明理由，但下列商品除外：

（一）消费者定作的；

（二）鲜活易腐的；

（三）在线下载或者消费者拆封的音像制品、计算机软件等数字化商品；

（四）交付的报纸、期刊。

除前款所列商品外，其他根据商品性质并经消费者在购买时确认不宜退货的商品，不适用无理由退货。

消费者退货的商品应当完好。经营者应当自收到退回商品之日起七日内返还消费者支付的商品价款。退回商品的运费由消费者承担；经营者和消费者另有约定的，按照约定。

举一反三

> 我国法律设置"七天无理由退货"规则的初衷，是为了降低消费者的购物风险、提升购物体验、增强消费信心，让个别不法商家无所遁形、无法立足，同时激励守法的经营者提高商品和服务质量、促进销售、减少纠纷。对消费者而言，退货可以无理由，但绝不能无规矩，如果试图利用法律规则来"薅羊毛"、谋私利，必然会受到法律的制裁。对经营者而言，更应当全面审视退货流程链条上的各个环节，并基于商品或服务的特性、价值、送达方式等因素，谨慎排查评估每一个环节、每一个对接点上潜在的风险，尽量做足预案，即便纠纷难免，也要以积极的态度对待，从纠纷处置中吸取经验、查漏补缺，从而使自身的流程管理更加精细化。[1]

---

[1] 参见《电商卖家拒绝"七天无理由退货"？法院这样判！》，载"中国消费者报"微信公众号，https://mp.weixin.qq.com/s/R7wBR6zYhgfp6_9uzTSWqw，最后访问日期：2025年5月19日。

28. 网购商品预售时付了定金，但错过了付尾款的时间，消费者能要求退还定金吗？

遇事

小美看到直播里的主播姐姐穿着一条裙子，正吆喝着"仅限这几条，赶紧下手"，"我们是预售，先付定金，付尾款期限截止之前付款即可"。听到主播这么说，小美赶紧付了定金。但小美一忙就错过了付尾款的时间，小美希望商家能退还其之前付的定金，但遭到了商家的拒绝。小美能要回已经付的定金吗？

说法

根据《中华人民共和国民法典》第586条、第587条的规定，当事人可以约定一方向对方给付定金作为债权的担保。定金合同自实际交付定金时成立。定金的数额由当事人约定；但是，不得超过主合同标的额的20%，超过部分不产生定金的效力。实际交付的定金数额多于或者少于约定数额的，视为变更约定的定金数额。债务人履行债务的，定金应当抵作价款或者收回。给付定金的一方不履行债务或者履行债务不符合约定，致使不能实现合同目的的，无权请求返还定金；收受定金的一方不履行债务或者履行债务不符合约定，致使不能实现合同目的的，应当双倍返还定金。据此，消费者付了定金之后，若商家以缺货或商品性质发生变化为由拒绝退还定金的，属于商家违约，消费者可以要求商家双倍退还定金。若因消费者原因而要求退还定金，卖家可以拒绝退还定金。在本案中，小美付了"定金"之后，因为错过了付尾款的时间，是属于消费者自身原因导致的违约。因此，卖家拒绝退还"定金"是合理的，小美不能要求卖家退还定金。

🔍 找法

《中华人民共和国民法典》

第五百八十六条 当事人可以约定一方向对方给付定金作为债权的担保。定金合同自实际交付定金时成立。

定金的数额由当事人约定；但是，不得超过主合同标的额的百分之二十，超过部分不产生定金的效力。实际交付的定金数额多于或者少于约定数额的，视为变更约定的定金数额。

第五百八十七条 债务人履行债务的，定金应当抵作价款或者收回。给付定金的一方不履行债务或者履行债务不符合约定，致使不能实现合同目的的，无权请求返还定金；收受定金的一方不履行债务或者履行债务不符合约定，致使不能实现合同目的的，应当双倍返还定金。

举一反三

"定金"和"订金"一字之差，含义却大相径庭，着实让很多人摸不着头脑。"定金"是金钱担保，是指合同当事人于合同订立时或合同履行前，由一方向另一方交付的具有担保性质的资金。定金具有双重担保功能。交付定金的一方不履行义务的，丧失定金；收受定金一方不履行义务的，双倍返还定金。而"订金"不具有担保性，支付订金通常是预付款或先期支付行为。因此，订金支付方不能依据定金罚则要求收取方双倍返还订金。

29 网购中卖家的赠品有质量问题，可以向卖家索赔吗？

遇事

小美在某网络平台上的一家网店购买了一款护肤品。卖家承诺，买一套本产品，赠送与套盒中一样的产品小样作为赠品。于是，小美提交订单并支付成功。收到货之后，小美想先使用赠品，试试产品效果。用了赠品后，小美的脸上大面积疯狂长痘。小美去医院检查，诊断结果显示，小美是因为使用劣质护肤品导致脸部皮肤受到刺激。小美很气愤，找卖家要求退货并赔偿损失。但卖家以赠品是免费提供的为借口，拒绝赔偿其损失。卖家的拒绝合理吗？

说法

根据《中华人民共和国消费者权益保护法实施条例》第7条第2款的规定，经营者向消费者提供商品或者服务（包括以奖励、赠送、试用等形式向消费者免费提供商品或者服务），应当保证商品或者服务符合保障人身、财产安全的要求。免费提供的商品或者服务存在瑕疵但不违反法律强制性规定且不影响正常使用性能的，经营者应当在提供商品或者服务前如实告知消费者。根据《中华人民共和国消费者权益保护法》第49条的规定，经营者提供商品或者服务，造成消费者或者其他受害人人身伤害的，应当赔偿医疗费、护理费、交通费等为治疗和康复支出的合理费用，以及因误工减少的收入。造成残疾的，还应当赔偿残疾生活辅助具费和残疾赔偿金。造成死亡的，还应当赔偿丧葬费和死亡赔偿金。根据《最高人民法院关于审理网络消费纠纷案件适用法律若干问题的规定（一）》第8条的规定，电子商务经营者在促销活动中提供的奖品、赠品或者消费者换购的商品给消费者造成损害，消费者主张电子商务经营者承担赔偿责任，电子商务经营者以奖品、赠品属于免费提供或者商品属于换购为由主张免责的，人民法院不予支持。本案中，赠品是卖家提供的，因此，赠品的质量要求也要达到跟商品一样的标准。医院诊断结果显示，小美的脸上大面积疯狂长痘是因使用劣质护肤品导致的，小美可以根据上述法律规定，向卖家要求退掉商品并赔偿其损失。卖家的拒绝是不合理的。

找法

《中华人民共和国消费者权益保护法》

第二十四条 经营者提供的商品或者服务不符合质量要求的，消费者可以依照国家规定、当事人约定退货，或者要求经营者履行更换、修理等义务。没有国家规定和当事人约定的，消费者可以自收到商品之日起七日内退货；七日后符合法定解除合同条件的，消费者可以及时退货，不符合法定解除合同条件的，可以要求经营者履行更换、修理等义务。

依照前款规定进行退货、更换、修理的，经营者应当承担运输等必要费用。

第四十九条 经营者提供商品或者服务，造成消费者或者其他受害人人身伤害的，应当赔偿医疗费、护理费、交通费等为治疗和康复支出的合理费用，以及因误工减少的收入。造成残疾的，还应当赔偿残疾生活辅助具费和残疾赔偿金。造成死亡的，还应当赔偿丧葬费和死亡赔偿金。

《中华人民共和国消费者权益保护法实施条例》

第七条第二款 经营者向消费者提供商品或者服务（包括以奖励、赠送、试用等形式向消费者免费提供商品或者服务），应当保证商品或者服务符合保障人身、财产安全的要求。免费提供的商品或者服务存在瑕疵但不违反法律强制性规定且不影响正常使用性能的，经营者应当在提供商品或者服务前如实告知消费者。

《最高人民法院关于审理网络消费纠纷案件适用法律若干问题的规定（一）》

第八条　电子商务经营者在促销活动中提供的奖品、赠品或者消费者换购的商品给消费者造成损害，消费者主张电子商务经营者承担赔偿责任，电子商务经营者以奖品、赠品属于免费提供或者商品属于换购为由主张免责的，人民法院不予支持。

举一反三

"赠品是免费的，质量差点也正常。""商家说赠品不保修，我还能维权吗？"——许多消费者在遇到赠品质量问题时，往往陷入维权困惑。实际上，赠品并非"法外之地"，商家以"免费"为由推卸责任的行为涉嫌违法。

常见的维权误区有三：一是"赠品免费，质量问题只能自认倒霉"。部分商家以"赠品非卖品"为由拒绝提供售后服务，但《零售商促销行为管理办法》第12条明确规定零售商开展促销活动，不得降低促销商品（包括有奖销售的奖品、赠品）的质量和售后服务水平，不得将质量不合格的物品作为奖品、赠品。若赠品为"三无"产品或存在安全隐患，消费者可直接要求退换或索赔。二是"赠品未签合同，举证困难"。消费者常因未保留赠品凭证而放弃维权。实际上，交易快照、宣传页面截图、聊天记录、拆箱视频等均可作为证据。例如，某直播间承诺赠品却未兑现，消费者凭借录屏成功维权。三是"退货需返还赠品，否则扣费"。若主商品退货，商家可要求返还赠品，但赠品

二、网络购物消费纠纷

已使用或遗失时,商家不得虚标高价索赔。例如,某平台规定,赠品价值需提供真实依据,否则消费者可投诉。

  赠品是商家促销的"糖衣",但绝非逃避责任的"挡箭牌"。消费者需树立"赠品有权保质"的维权意识,商家更应诚信经营,以质取胜。[①]

  [①] 参见况阳春:《赠品质量出问题只能认栽?律师教你三步合法维权!》,载"况律说法"微信公众号,https://mp.weixin.qq.com/s/wGeIIljacxRLsb2j80-Tvw,最后访问日期:2025年5月19日。

30 网购的宠物咬伤了消费者，该怎么办？

遇事

小明从小就很喜欢小动物，再三请求父母给他买一只宠物。父母拗不过小明，决定在某网络平台上挑选。小明想养一条小蛇，于是父母在某网络平台上开设的一家网店下单购买了一条蛇。收到货之后，小明迫不及待地跟蛇玩耍。玩得正高兴时，小明突然发出一声惨叫，父母跑过来一看，小明被蛇咬伤了。父母连忙将小明送至医院，医生诊断小明是被毒蛇咬伤的，幸亏抢救及时，小明没有生命危险。小明的父母可以向网店经营者索要赔偿吗？

说法

根据《中华人民共和国消费者权益保护法》第28条、第49条的规定，采用网络……方式提供商品或者服务的经营者……应当向消费者提供……安全注意事项和风险警示、售后服务、民事责任等信息。经营者提供商品或者服务，造成消费者或者其他受害人人身伤害的，应当赔偿医疗费、护理费、交通费等为治疗和康复支出的合理费用，以及因误工减少的收入。造成残疾的，还应当赔偿残疾生活辅助具费和残疾赔偿金。造成死亡的，还应当赔偿丧葬费和死亡赔偿金。《中华人民共和国电子商务法》第38条第2款还规定，对关系消费者生命健康的商品或者服务，电子商务平台经营者对平台内经营者的资质资格未尽到审核义务，或者对消费者未尽到安全保障义务，造成消费者损害的，依法承担相应的责任。同时，根据《中华人民共和国邮政法实施细则》第33条的规定，禁止寄递或邮政的物品中夹带各种活的动物。本案中，小明的父母在某网络平台上开设的网店买到的小蛇是毒蛇，属于《中华人民共和国电子商务法》第38条第2款规定的"关系到消费者人身安全的商品"，该网络平台应该有义务审核并禁止该网店出售此类危险动物。小明是

二、网络购物消费纠纷

被从该网络平台上开设的网店买到的毒蛇咬伤的，因此，小明的父母可以根据上述法律规定向该网店经营者要求赔偿损失，某网络平台也应承担相应的责任。

找法

《中华人民共和国消费者权益保护法》

第二十八条 采用网络、电视、电话、邮购等方式提供商品或者服务的经营者，以及提供证券、保险、银行等金融服务的经营者，应当向消费者提供经营地址、联系方式、商品或者服务的数量和质量、价款或者费用、履行期限和方式、安全注意事项和风险警示、售后服务、民事责任等信息。

第四十九条 经营者提供商品或者服务，造成消费者或者其他受害人人身伤害的，应当赔偿医疗费、护理费、交通费等为治疗和康复支出的合理费用，以及因误工减少的收入。造成残疾的，还应当赔偿残疾生活辅助具费和残疾赔偿金。造成死亡的，还应当赔偿丧葬费和死亡赔偿金。

《中华人民共和国电子商务法》

第十三条 电子商务经营者销售的商品或者提供的服务应当符合保障人身、财产安全的要求和环境保护要求，不得销售或者提供法律、行政法规禁止交易的商品或者服务。

第三十八条 电子商务平台经营者知道或者应当知道平台内经营者销售的商品或者提供的服务不符合保障人身、财产安全的要求，或者有其他侵害消费者合法权益行为，未采取必要措施的，依法与该平台内经营者承担连带责任。

关系消费者生命健康的商品或者服务，电子商务平台经营者对平台内经营者的资质资格未尽到审核义务，或者对消费者未尽到安全保障义务，造成消费者损害的，依法承担相应的责任。

《中华人民共和国邮政法实施细则》

第三十三条 禁止寄递或者在邮件内夹带下列物品：

（一）法律规定禁止流通或者寄递的物品；

（二）反动报刊书籍、宣传品或者淫秽物品；

（三）爆炸性、易燃性、腐蚀性、放射性、毒性等危险物品；

（四）妨害公共卫生的物品；

（五）容易腐烂的物品；

（六）各种活的动物；

（七）各种货币；

（八）不适合邮寄条件的物品；

（九）包装不妥，可能危害人身安全、污染或者损毁其他邮件、设备的物品。前款物品，符合邮电部特准交寄规定并确保安全的，可以收寄。

举一反三

根据《中华人民共和国动物防疫法》和《动物检疫管理办法》的相关规定，出售或者运输动物、动物产品的，货主应当提前3天向所在地动物卫生监督机构申报检疫，由动物监管部门出具动物检疫证明、加施检疫标志后方可出售和运输。但由于检疫证明出具时间长、成本高，很少有线下宠物店会履行相关的检疫手续，也不会向消费者出示检疫合格证，更不用说线上的网络个人店家了。如果店家将未取得检疫合格证明且携带高风险传染病病毒的活体宠物出售给消费者，导致消费者遭受财产损失的，消费者可以主张损失赔偿。

在此，提醒广大消费者，尽量选择线下证照齐全的宠物店进行交易。交易前确认宠物店是否具有相关资质，与商家签订书面合同，并明确宠物的具体信息（品种、年龄等）、健康前提以及保障期限。不管

二、网络购物消费纠纷

是线上购买还是线下购买,消费者均可要求商家出示动物检疫合格证明,即便没有动物检疫合格证明,至少也应提供宠物的免疫证明或者自测疾病抗原证明,以及接种疫苗的记录。如短期内发现宠物有健康问题,消费者可及时联系卖家,将相关视频、图片作为证据留存,到正规宠物医院就诊,如检查出疾病,应保留相关检查证明以及付款记录,及时与卖家沟通协商。

遇事找法 消费者权益保护一站式法律指引

> ㉛ 消费者在留言区被经营者人格侮辱，该怎么维权？

遇事

扫一扫，听案情

色差这么大啊……

哼，我要给这家店打个差评！

这个商家竟然因为我给了差评就在留言区侮辱我！

说法

根据《中华人民共和国消费者权益保护法》第14条、第50条的规定，消费者在购买、使用商品和接受服务时，享有人格尊严、民族风俗习惯得到尊重的权利，享有个人信息依法得到保护的权利。经营者侵害消费者的人格尊严、侵犯消费者人身自由或者侵害消费者个人信息依法得到保护的权利的，应当停止侵害、恢复名誉、消除影响、赔礼道歉，并赔偿损失。根据《中华人民共和国民法典》第995条的规定，人格权受到侵害的，受害人有权依照本法和其他法律的规定请求行为人承担民事责任。受害人的停止侵害、排除妨碍、消除危险、消除影响、恢复名誉、赔礼道歉请求权，不适用诉讼时效的规定。本案中，居女士对买到的商品进行了客观的评价，经营者因此对居女士进行侮辱，侵犯了其人格权，根据上述法律规定，应该向居女士赔礼道歉，并删除评论区中对居女士人格侮辱的回复，同时赔偿居女士的精神损失费。

找法

《中华人民共和国消费者权益保护法》

第十四条 消费者在购买、使用商品和接受服务时，享有人格尊严、民族风俗习惯得到尊重的权利，享有个人信息依法得到保护的权利。

第十五条 消费者享有对商品和服务以及保护消费者权益工作进行监督的权利。

消费者有权检举、控告侵害消费者权益的行为和国家机关及其工作人员在保护消费者权益工作中的违法失职行为，有权对保护消费者权益工作提出批评、建议。

第五十条 经营者侵害消费者的人格尊严、侵犯消费者人身自由或者侵害消费者个人信息依法得到保护的权利的，应当停止侵害、恢复名誉、消除影响、赔礼道歉，并赔偿损失。

《中华人民共和国民法典》

第九百九十五条 人格权受到侵害的，受害人有权依照本法和其他法律的规定请求行为人承担民事责任。受害人的停止侵害、排除妨碍、消除危险、消除影响、恢复名誉、赔礼道歉请求权，不适用诉讼时效的规定。

举一反三

消费者的人格权是其人身权的一部分，任何人不得侵犯。根据《中华人民共和国消费者权益保护法》的规定，经营者侵犯消费者人格权的表现形式如下：

第一，经营者对消费者进行侮辱、诽谤。经营者对消费者进行侮辱、诽谤，主要是指一些经营者缺乏耐心，对消费者出言不逊、冷嘲热讽，或者以污言秽语辱骂消费者，或者故意捏造、夸大事实，诬陷中伤消费者，侵害消费者的人格尊严。

第二，搜查消费者的身体及其携带的物品。实践中，个别经营者由于怀疑某个消费者偷拿了商品，强行搜查其身体及携带的物品。

根据《中华人民共和国消费者权益保护法》第50条的规定，经营者侵害消费者的人格尊严、侵犯消费者人身自由或者侵害消费者个人信息依法得到保护的权利的，应当停止侵害、恢复名誉、消除影响、赔礼道歉，并赔偿损失。上述几种承担侵权责任的方式，既可以单独适用，也可以合并适用。例如，经营者侵害消费者名誉权、隐私权的，可以单独适用消除影响或恢复名誉，也可以合并适用消除影响、恢复名誉和精神损害赔偿。如何具体适用这几种责任方式，要以弥补受害人的损害为必要。

二、网络购物消费纠纷

> **32** 直播间里购买的商品出现质量问题，消费者应该找谁赔？

遇事

小王在观看购物直播时，看到主播用减肥药成功逆袭，十分心动。小王根据主播提供的链接购买了减肥药。收到货之后，小王服用减肥药的第一天就开始拉肚子。小王连忙跑去医院，医生诊断其为肠胃炎，小王住院治疗两周。经鉴定，小王购买的该类减肥药质量不符合安全标准，会过度刺激人体肠胃。小王应该找谁赔偿其损失？

说法

目前，市场上流行的直播带货模式主要有两种：一种是由网店的老板、高管、工作人员或者直接聘请的专属主播进行商品或服务的推介，业内称之为店铺直播；另一种则是由网红、名人在直播平台注册账号，与各种网店签订协议，为网店推销商品。

根据《中华人民共和国消费者权益保护法》第44条的规定，消费者通过网络交易平台购买商品或者接受服务，其合法权益受到损害的，可以向销售者或者服务者要求赔偿。网络交易平台提供者不能提供销售者或者服务者的真实名称、地址和有效联系方式的，消费者也可以向网络交易平台提供者要求赔偿；网络交易平台提供者作出更有利于消费者的承诺的，应当履行承诺。网络交易平台提供者赔偿后，有权向销售者或者服务者追偿。网络交易平台提供者明知或者应知销售者或者服务者利用其平台侵害消费者合法权益，未采取必要措施的，依法与该销售者或者服务者承担连带责任。由此可知，对于第一种情况，消费者因所购商品质量不符合要求而要求赔偿时，可以直接要求平台内销售者进行赔偿，因为此时主播本人就是网店的一员。

对于第二种情况，主播本身并不是销售者，其身份与广告发布者、广告代言人类似，主播是否承担赔偿责任，应当根据《中华人民共和国广告法》的有关规定去判定。《中华人民共和国广告法》第56条规定："违反本法规定，发布虚假广告，欺骗、误导消费者，使购买商品或者接受服务的消费者的合法权益受到损害的，由广告主依法承担民事责任。广告经营者、广告发布者不能提供广告主的真实名称、地址和有效联系方式的，消费者可以要求广告经营者、广告发布者先行赔偿。关系消费者生命健康的商品或者服务的虚假广告，造成消费者损害的，其广告经营者、广告发布者、广告代言人应当与广告主承担连带责任。前款规定以外的商品或者服务的虚假广告，造成消费者损害的，其广告经营者、广告发布者、广告代言人，明知或者应知广告虚假仍设计、制作、代理、发布或者作推荐、证明的，应当与广告主承担连带责任。"由此可知，如果主播有虚假宣传或者欺骗、误导消费者的行为，则应当与销售者承担连带责任，否则不承担赔偿责任。

以上两种情况下，消费者都可以直接要求平台经营者承担赔偿责任，平台经营者承担赔偿责任后，可以向平台内经营者（销售者）追偿。本案中，主播表示自己用过该减肥药后成功减肥，但未明确说明该产品可能带来的副作用，存在欺骗消费者的行为，小王可以要求销售者和主播对其损失承担连带责任。

找法

《中华人民共和国消费者权益保护法》

第四十四条 消费者通过网络交易平台购买商品或者接受服务，其合法权益受到损害的，可以向销售者或者服务者要求赔偿。网络交易平台提供者不能提供销售者或者服务者的真实名称、地址和有效联系方式的，消费者也可以向网络交易平台提供者要求赔偿；网络交易平台提供者作出更有利于消费者的承诺的，应当履行承诺。网络交易平台提供者赔偿后，有权向销售者或者服务者追偿。

网络交易平台提供者明知或者应知销售者或者服务者利用其平台侵害消费者合法权益，未采取必要措施的，依法与该销售者或者服务者承担连带责任。

第四十九条 经营者提供商品或者服务，造成消费者或者其他受害人人身伤害的，应当赔偿医疗费、护理费、交通费等为治疗和康复支出的合理费用，以及因误工减少的收入。造成残疾的，还应当赔偿残疾生活辅助具费和残疾赔偿金。造成死亡的，还应当赔偿丧葬费和死亡赔偿金。

第五十五条 经营者提供商品或者服务有欺诈行为的，应当按照消费者的要求增加赔偿其受到的损失，增加赔偿的金额为消费者购买商品的价款或者接受服务的费用的三倍；增加赔偿的金额不足五百元的，为五百元。法律另有规定的，依照其规定。

经营者明知商品或者服务存在缺陷，仍然向消费者提供，造成消费者或者其他受害人死亡或者健康严重损害的，受害人有权要求经营者依照本法第四十九条、第五十一条等法律规定赔偿损失，并有权要求所受损失二倍以下的惩罚性赔偿。

《中华人民共和国广告法》

第四条 广告不得含有虚假或者引人误解的内容，不得欺骗、误导消费者。

广告主应当对广告内容的真实性负责。

第五十六条 关系消费者生命健康的商品或者服务的虚假广告，造成消费者损害的，主播应当与广告主承担连带责任。其他商品或者服务的虚假广告，造成消费者损害的，主播明知或者应知广告虚假仍作推荐、证明的，应当与广告主承担连带责任。

举一反三

"直播带货"是社会经济及互联网信息技术高度发展并有机结合的产物,是一种比较流行的网络销售的方式。直播间买到的商品出现问题时,涉及多方主体的利益,包括直播平台经营者、商品经营者(商家)、主播及消费者。出现类似情况,赔偿责任的主体视纠纷实际情况而定。

第一,关于直播平台经营者的责任。网络直播间销售商品损害消费者合法权益,网络直播营销平台经营者不能提供直播间运营者的真实姓名、名称、地址和有效联系方式的,消费者依据《中华人民共和国消费者权益保护法》第44条规定向网络直播营销平台经营者请求赔偿的,人民法院应予支持。网络直播营销平台经营者承担责任后,向直播间运营者追偿的,人民法院应予支持。

第二,关于商品经营者的责任。消费者因在网络直播间点击购买商品合法权益受到损害,直播间运营者不能证明已经以足以使消费者辨别的方式标明其并非销售者并标明实际销售者的,消费者主张直播间运营者承担商品销售者责任的,人民法院应予支持。直播间运营者能够证明已经尽到前款所列标明义务的,人民法院应当综合交易外观、直播间运营者与经营者的约定、与经营者的合作模式、交易过程以及消费者认知等因素予以认定。

第三,关于主播的责任。直播带货一般分为两种,即"自播"和"代播"。前者是指消费者点击商品链接后跳转到直播间运营者自己开设的平台内店铺完成交易,此时直播间运营者与店铺经营者主体相同,显然,直播间运营者应承担销售者责任。后者是指消费者点击商品链接后跳转到他人店铺内完成交易,此时因商品质量等问题出现纠纷时,主播并不一定是责任主体。在代播的情况下,主播的身份实际上具有

二、网络购物消费纠纷

广告经营者、发布者或代言人三种身份的交叠，认定其责任应该根据相关法律规定进行综合判断。首先，若主播以显著方式注明了商品或服务的实际销售者、售后服务等信息，足以使消费者辨别，则应由商家承担销售者责任。其次，若主播在直播过程中的内容构成了商业广告，那么主播就应该承担广告责任和义务，根据《中华人民共和国广告法》的相关规定追究主播责任。

33 电子商务经营者向消费者作出高于国家、行业标准的有利承诺后拒不兑现承诺，该怎么办？

遇事

小美在浏览网店时看到一家服装店的衣服非常时尚，她看上了一款针织连衣裙，但是又担心裙子会起球，于是向商家咨询衣服的布料材质，商家解释道："这条裙子所用的材料跟某知名品牌的布料一模一样，质量绝对有保证，如果裙子起球，我无条件给你退款并赔偿支付价款5倍的损失。"于是，小美很放心地下单了。小美收到货的第二天就迫不及待地穿上了这条新裙子，没想到，收到货的第八天衣服开始起球。小美联系商家要求退款并赔偿损失。商家以收货时间已经过了七天为由拒绝退款，更否认赔偿5倍损失的承诺。小美的要求是否合理？

说法

商家向消费者作出高于国家、行业标准的有利承诺后，应该遵守其诺言。在网购过程中，人们经常被商家高于国家标准、行业标准的有利承诺所吸引，愿意为此类商品买单，但有些商家常常不守诺言。根据《中华人民共和国消费者权益保护法》第4条的规定，经营者与消费者进行交易，应当遵循自愿、平等、公平、诚实信用的原则。此外，根据《中华人民共和国电子商务法》第17条的规定，电子商务经营者应当全面、真实、准确、及时地披露商品或者服务信息，保障消费者的知情权和选择权。电子商务经营者不得以虚构交易、编造用户评价等方式进行虚假或者引人误解的商业宣传，欺骗、误导消费者。本案中，商家承诺如果裙子起球，无条件退款并赔偿支付价款5倍的损失，而小美收到货后第八天裙子就起球了，商家应该兑现其之前的承诺，因此，小美的要求是合理的。

找法

《中华人民共和国消费者权益保护法》

第四条 经营者与消费者进行交易，应当遵循自愿、平等、公平、诚实信用的原则。

《中华人民共和国电子商务法》

第十七条 电子商务经营者应当全面、真实、准确、及时地披露商品或者服务信息，保障消费者的知情权和选择权。电子商务经营者不得以虚构交易、编造用户评价等方式进行虚假或者引人误解的商业宣传，欺骗、误导消费者。

举一反三

现实中存在不少电子商务经营者为吸引流量、促进销售，在销售商品或提供服务时以宣传或告示等形式向消费者作出高于国家、行业标准的有利承诺，当消费者接受承诺与经营者形成交易关系后，经营者却以各种理由拒不兑现其承诺，有损消费者的合理预期，也侵害了消费者的合法权益。电子商务经营者兑现对消费者作出的有利承诺，既是对交易双方协议约定重要义务的履行，更是经营者诚信经营的重要体现。电子商务经营者的承诺是向消费者作出的，一般应以社会普通消费者能够理解的方式进行表达，当消费者对其中某些用语的理解，与经营者的理解不同时，应以交易时社会普通消费者的通常理解为标准进行解释，以强化对消费者权益的保障。

34 跨境网购中产品质量出现问题，消费者应该找谁赔偿损失？

遇事

李女士在某跨境电商平台的店铺购买了一款烤箱。收到货第二天，李女士在使用烤箱的过程中，烤箱爆炸了。李女士因此受重伤，在医院治疗了1个月，花费医疗费4万元。李女士找该跨境电商平台内的店铺经营者主张损害赔偿，却被拒绝。该店铺可以拒绝李女士的要求吗？

说法

人们生活水平的提高促进了跨境电子商务的发展。在现实生活中，在跨境电子消费过程中，免不了因商品质量问题产生纠纷。然而，跨境电子商务与一般境内网购有一定的区别。最显著的区别是跨境电子商务的参与主体比一般境内电子商务的参与主体多样，法律对责任主体的资格有特殊的要求。根据《商务部、发展改革委、财政部、海关总署、税务总局、市场监管总局关于完善跨境电子商务零售进口监管有关工作的通知》（以下简称《通知》）的规定，跨境电子商务的参与主体包括跨境电商企业、跨境电商平台、境内服务商及消费者。对于消费者来说，最便利的追责主体是境内服务商。上述《通知》对境内服务商的要求是在境内办理工商登记，向海关提交相关资质证书并办理注册登记。其中：提供支付服务的银行机构应具备银保监会或原银监会颁发的《金融许可证》，非银行支付机构应具备人民银行颁发的《支付业务许可证》，支付业务范围应包括"互联网支付"；物流企业应取得国家邮政局颁发的《快递业务经营许可证》。境内服务商没有具备以上条件的，消费者就只能向跨境电商企业主张损害赔偿请求。本案中，若李女士购买烤箱的店铺不具备上述《通知》规定的境内服务商应具备的硬性条件的，该店铺可以拒绝李女士的损害赔偿请求。

🔍 找法

《商务部、发展改革委、财政部、海关总署、税务总局、市场监管总局关于完善跨境电子商务零售进口监管有关工作的通知》

四、按照"政府部门、跨境电商企业、跨境电商平台、境内服务商、消费者各负其责"的原则，明确各方责任，实施有效监管。

……

（三）境内服务商

1.在境内办理工商登记，向海关提交相关资质证书并办理注册登记。其中：提供支付服务的银行机构应具备银保监会或原银监会颁发的《金融许可证》，非银行支付机构应具备人民银行颁发的《支付业务许可证》，支付业务范围应包括"互联网支付"；物流企业应取得国家邮政局颁发的《快递业务经营许可证》。

2.支付、物流企业应如实向监管部门实时传输施加电子签名的跨境电商零售进口支付、物流电子信息，并对数据真实性承担相应责任。

3.报关企业接受跨境电商企业委托向海关申报清单，承担如实申报责任。

4.物流企业应向海关开放物流实时跟踪信息共享接口，严格按照交易环节所制发的物流信息开展跨境电商零售进口商品的国内派送业务。对于发现国内实际派送与通关环节所申报物流信息（包括收件人和地址）不一致的，应终止相关派送业务，并及时向海关报告。

举一反三

虽然跨境电商平台与普通电商平台看似一样，都是消费者选购商品的平台，但跨境电商平台实际上为消费者提供的是"服务"而非"商品"。由于商品的提供者是跨境电商企业（境外商家），交易类似于境外交易，并且商品入关是以消费者个人名义进行报关，因此跨境电商购买的商品不能再次在境内销售，这使得商品退换货非常麻烦。因此，从法律适用的角度而言，《中华人民共和国消费者权益保护法》《中华人民共和国消费者权益保护法实施条例》关于"七天无理由退货""退一赔三"等相关规定较难适用。消费者在进行跨境购物时，应仔细阅读商家的退货政策，保留交易记录和商品问题的证据，以便在出现问题时能够有效维权。通过平台客服、消费者保护机构或法律途径，消费者可以维护自己的合法权益，以获得良好的购物体验。

35 二手商品网站的销售者从事经营活动构成欺诈的，消费者可以主张惩罚性赔偿吗？

遇事

小美在某二手商品网站上的某店铺看上了一款包，卖家称这是某知名品牌的正品，小美信以为真，买下了这款包。但买来后，小美发现这款包并非正品，而是高仿品。因此，小美以卖家欺诈为由，找卖家退款并要求支付价款3倍的赔偿。小美可以向卖家主张惩罚性赔偿吗？

说法

从事二手商品网站销售的经营者通过欺诈手段误导消费者与之订立买卖合同，经营者的行为属于销售欺诈，可以适用《中华人民共和国消费者权益保护法》。根据《中华人民共和国消费者权益保护法》第55条第1款的规定，经营者提供商品或者服务有欺诈行为的，应当按照消费者的要求增加赔偿其受到的损失，增加赔偿的金额为消费者购买商品的价款或者接受服务的费用的3倍；增加赔偿的金额不足500元的，为500元。法律另有规定的，依照其规定。本案中，卖家谎称包是某知名品牌正品，但实际为高仿品，构成消费欺诈。因此，小美可以向二手商品网站的经营者主张退货，并可以要求商品价款3倍的惩罚性赔偿。

找法

《中华人民共和国消费者权益保护法》

第五十五条 经营者提供商品或者服务有欺诈行为的，应当按照消费者的要求增加赔偿其受到的损失，增加赔偿的金额为消费者购买商品的价款或者接受服务的费用的三倍；增加赔偿的金额不足五百元的，为五百元。法律另有规定的，依照其规定。

经营者明知商品或者服务存在缺陷，仍然向消费者提供，造成消费者或者其他受害人死亡或者健康严重损害的，受害人有权要求经营者依照本法第四十九条、第五十一条等法律规定赔偿损失，并有权要求所受损失二倍以下的惩罚性赔偿。

举一反三

《中华人民共和国民法典》规定了以下三类行为可以请求惩罚性赔偿，对于侵害人的主观状态要求均为"故意"，且都要求达到情节严重的程度。

第一，侵害知识产权的惩罚性赔偿。故意侵害他人知识产权，情节严重的，被侵权人有权请求相应的惩罚性赔偿。

第二，产品责任惩罚性赔偿。明知产品存在缺陷仍然生产、销售，或者没有依据前条规定采取有效补救措施，造成他人死亡或者健康严重损害的，被侵权人有权请求相应的惩罚性赔偿。

第三，环境污染、生态破坏侵权的惩罚性赔偿。侵权人违反法律规定故意污染环境、破坏生态造成严重后果的，被侵权人有权请求相应的惩罚性赔偿。

广大消费者应了解清楚惩罚性赔偿制度相关的法律规定，才更有利于其维权。

36 网络消费合同格式条款侵害消费者利益的，消费者该怎么办？

遇事

小王省吃俭用，终于攒够了能在梦寐以求的三亚逍遥一周的钱。小王首先通过甲公司名下的旅游APP订了一间海景房，对方对支付方式的要求是通过格式条款的方式提示"入住支付"。但小王刚下单，房费就从自己的银行卡中扣除了。小王感觉被骗了，认为甲公司违约，并要求甲公司取消订单，甲公司却说，在向小王提供的格式条款补充说明中，提示有些情况下名下的部分酒店可以采取直接扣费的方式，就拒绝取消订单。小王该如何维权？

说法

格式条款是当事人为了重复使用而预先拟定，并在订立合同时未与对方协商的条款。在线上交易过程中，消费者经常会遇到由经营者提供的格式条款。对于消费者来说，格式条款高效、便利，但其内容是由经营者提供的，比较固定，有些合同甚至包含对消费者不利的条款。对此，《中华人民共和国民法典》第496条第2款规定，采用格式条款订立合同的，提供格式条款的一方应当遵循公平原则确定当事人之间的权利和义务，并采取合理的方式提示对方注意免除或者减轻其责任等与对方有重大利害关系的条款，按照对方的要求，对该条款予以说明。提供格式条款的一方未履行提示或者说明义务，致使对方没有注意或理解与其有重大利害关系的条款的，对方可以主张该条款不成为合同的内容。此外，根据《中华人民共和国消费者权益保护法》第20条第1款的规定，经营者向消费者提供有关商品或者服务的质量、性能、用途、有效期限等信息，应当真实、全面，不得作虚假或者引人误解的宣传。本案中，甲公司的格式条款是"入住支付"，但有些情况下酒店可

107

以直接从消费者的银行卡扣除房费是重要的补充说明,应该以显著的方式提示消费者。甲公司在没有对小王尽提示、说明义务的情况下,直接扣费,构成违约,小王可以单方面主张解除合同。

找法

《中华人民共和国民法典》

第四百九十六条　格式条款是当事人为了重复使用而预先拟定,并在订立合同时未与对方协商的条款。

采用格式条款订立合同的,提供格式条款的一方应当遵循公平原则确定当事人之间的权利和义务,并采取合理的方式提示对方注意免除或者减轻其责任等与对方有重大利害关系的条款,按照对方的要求,对该条款予以说明。提供格式条款的一方未履行提示或者说明义务,致使对方没有注意或者理解与其有重大利害关系的条款的,对方可以主张该条款不成为合同的内容。

《中华人民共和国消费者权益保护法》

第二十条　经营者向消费者提供有关商品或者服务的质量、性能、用途、有效期限等信息,应当真实、全面,不得作虚假或者引人误解的宣传。

经营者对消费者就其提供的商品或者服务的质量和使用方法等问题提出的询问,应当作出真实、明确的答复。

经营者提供商品或者服务应当明码标价。

举一反三

格式条款的应用本来是为了交易方便,但实际运用中,其订立者往往处于强势地位并且拥有更多资源和渠道获得法律专业知识,而接受格式条款的一方往往处于劣势地位，故而成为"霸王条款"。提供格式条款一方必须向对方履行提示注意、说明的义务，明确提示注意的内容，即免除或减轻其责任等与对方有重大利害关系的条款。若是提供格式条款的一方未履行提示注意或说明义务，导致对方没有注意或理解与其权利有重大利害关系的条款，对方可以主张该条款不成为合同的内容。对格式条款有两种以上解释的，应当作出不利于提供格式条款一方的解释。

《中华人民共和国民法典》第497条还规定了格式条款无效的三种情形：一是格式条款具有《中华人民共和国民法典》第一编第六章第三节中规定的情形应认定为无效条款。即无民事行为能力人实施的民事法律行为无效；以虚假的意思表示实施的民事法律行为无效；违反法律、行政法规的强制性规定，违背公序良俗的民事法律行为无效；恶意串通，损害他人合法权益的民事法律行为无效；造成对方人身损害及因故意或者重大过失造成对方财产损失的免责条款无效。二是提供格式条款的一方若存在不合理地免除或者减轻其责任、加重对方责任、限制对方主要权利的，该条款亦无效。例如，"本店禁止自带酒水"的告示就属于限制消费者自主选择权的行为。三是提供格式条款一方排除对方主要权利的，该条款同样属于无效条款。例如，某些商家给出的"本商品一经售出，概不退换"的条款便是排除消费者的公平交易权，属于无效条款。

遇事找**法** 消费者权益保护一站式法律指引

37 消费者通过电视购物后，对商品不满意，商家售后服务差、以各种理由拒绝退货，消费者该怎么办？

遇事

扫一扫，听案情

二、网络购物消费纠纷

说法

电视购物属于网络购物的一种,消费者可以根据《中华人民共和国消费者权益保护法》维护自己的权益。根据《中华人民共和国消费者权益保护法》第25条的规定:"经营者采用网络、电视、电话、邮购等方式销售商品,消费者有权自收到商品之日起七日内退货,且无需说明理由,但下列商品除外:(一)消费者定作的;(二)鲜活易腐的;(三)在线下载或者消费者拆封的音像制品、计算机软件等数字化商品;(四)交付的报纸、期刊。除前款所列商品外,其他根据商品性质并经消费者在购买时确认不宜退货的商品,不适用无理由退货。消费者退货的商品应当完好。经营者应当自收到退回商品之日起七日内返还消费者支付的商品价款。退回商品的运费由消费者承担;经营者和消费者另有约定的,按照约定。"本案中,王老太太通过电视购物选购的手机,本身就可以在收到手机的7天内要求无理由退货。此外,"这款手机的信号极差,打电话没有声音,更上不了网",不符合商家在广告中的描述,属于手机质量有问题,因此,王老太太可以向商家要求退货,退货所产生的运费由商家承担。如果商家拒不退货或者不承担运费,王老太太可以拨打消费者权益保护热线投诉,也可以向法院起诉。

找法

《中华人民共和国消费者权益保护法》

第二十五条 经营者采用网络、电视、电话、邮购等方式销售商品,消费者有权自收到商品之日起七日内退货,且无需说明理由,但下列商品除外:

(一)消费者定作的;

(二)鲜活易腐的;

(三)在线下载或者消费者拆封的音像制品、计算机软件等数字化商品;

(四)交付的报纸、期刊。

除前款所列商品外，其他根据商品性质并经消费者在购买时确认不宜退货的商品，不适用无理由退货。

消费者退货的商品应当完好。经营者应当自收到退回商品之日起七日内返还消费者支付的商品价款。退回商品的运费由消费者承担；经营者和消费者另有约定的，按照约定。

举一反三

电视购物丰富了消费者的购物途径，然而，消费者维权也成了电视购物中急需解决的问题。电视购物过程中，消费者的权利同样受《中华人民共和国消费者权益保护法》的保护，如：

第一，电视购物中的消费者同样可以享有"七天无理由退货"的权利。但电视购物的商品若属于四大类不宜退货的商品的，就不能享有此项权利。

第二，通过电视购物的商品不符合质量要求的，消费者同样可以要求退货，经营者不得拒绝。

第三，通过电视购物的商品涉嫌经营者欺诈的，适用惩罚性赔偿制度。

第四，通过电视购物的商品涉嫌虚假宣传的，经营者须根据《中华人民共和国广告法》的规定承担相应责任。

因此，解决消费者维权问题的关键在于，一方面，商家一定要遵守诚信经营的原则，不得欺骗消费者；另一方面，消费者选购商品时要谨慎、理性，同时提高维权意识，可以通过与商家协商、投诉等方式解决纠纷。

三

旅游消费纠纷

38 旅游过程中被安排强制购物，消费者该怎么办？

遇事

张大爷报了个旅行团，去自己梦寐以求的张家界旅游。张大爷对这次旅游抱有许多期许，谁知导游不仅态度恶劣，还要求游客必须在定点的景点购物中心购物，否则不能走。张大爷很生气，找导游理论，导游说这是旅行社的规定，不服气就找旅行社。张大爷该怎么办呢？

说法

旅游涉及人们的吃、住、行等各种消费活动，旅游消费者的权利受《中华人民共和国旅游法》和《中华人民共和国消费者权益保护法》的双重保护。《中华人民共和国旅游法》第9条第1款规定，旅游者有权自主选择旅游产品和服务，有权拒绝旅游经营者的强制交易行为。第35条规定，旅行社不得以不合理的低价组织旅游活动，诱骗旅游者，并通过安排购物或者另行付费旅游项目获取回扣等不正当利益。旅行社组织、接待旅游者，不得指定具体购物场所，不得安排另行付费旅游项目。但是，经双方协商一致或者旅游者要求，且不影响其他旅游者行程安排的除外。发生违反前述情形的，旅游者有权在旅游行程结束后30日内，要求旅行社为其办理退货并先行垫付退货货款，或者退还另行付费旅游项目的费用。本案中，导游作为旅行社的员工应该履行旅游合同的约定，不得强制张大爷等旅游消费者在景点购物中心购物，张大爷可以在行程结束后的30日内要求旅行社办理退货并让旅行社先行垫付他在景点购物中心购买的商品价款。

找法

《中华人民共和国旅游法》

第九条第一款 旅游者有权自主选择旅游产品和服务，有权拒绝旅游经营者的强制交易行为。

第三十五条 旅行社不得以不合理的低价组织旅游活动，诱骗旅游者，并通过安排购物或者另行付费旅游项目获取回扣等不正当利益。

旅行社组织、接待旅游者，不得指定具体购物场所，不得安排另行付费旅游项目。但是，经双方协商一致或者旅游者要求，且不影响其他旅游者行程安排的除外。

发生违反前两款规定情形的，旅游者有权在旅游行程结束后三十日内，要求旅行社为其办理退货并先行垫付退货货款，或者退还另行付费旅游项目的费用。

举一反三

当游客遭遇强制消费时，可依据《中华人民共和国旅游法》的规定，拒绝参加旅行社安排的购物活动或者另行付费旅游项目。若旅行社以拒绝继续履行合同、提供服务等方式强迫游客消费，游客可向旅游行政管理部门投诉，要求旅行社承担相应责任。此外，游客还可通过与旅行社协商、向消费者协会投诉、向法院提起诉讼等途径，维护自身的合法权益，并要求旅行社返还因强制消费收取的费用，并赔偿相应损失。

39 旅游途中发现旅行社提供的服务与合同约定不符时，消费者该怎么办？

遇事

小张通过一个旅游应用程序报名旅游。旅游合同对住宿的说明是提供三星级酒店服务。小张入住旅行社安排的酒店后发现，酒店各方面条件都达不到三星级酒店标准，遂后要求旅行社退还差价，但旅行社拒绝。旅行社可以不退还差价吗？

说法

根据《中华人民共和国民法典》第509条第1款的规定，当事人应当按照约定全面履行自己的义务。根据《中华人民共和国旅游法》第32条、第70条第1款的规定，旅行社为招徕、组织旅游者发布信息，必须真实、准确，不得进行虚假宣传，误导旅游者。旅行社不履行包价旅游合同义务或者履行合同义务不符合约定的，应当依法承担继续履行、采取补救措施或者赔偿损失等违约责任；造成旅游者人身损害、财产损失的，应当依法承担赔偿责任。旅行社具备履行条件，经旅游者要求仍拒绝履行合同，造成旅游者人身损害、滞留等严重后果的，旅游者还可以要求旅行社支付旅游费用1倍以上3倍以下的赔偿金。本案中，旅行社在旅游合同中承诺给旅客提供符合三星级酒店标准的住宿环境，但实际上小张入住的酒店住宿环境达不到三星级酒店标准，这明显不符合旅游合同约定的内容，因此，旅行社应当退还小张合同中约定的酒店住宿金额与实际花费的差额。

三、旅游消费纠纷

🔍 找法

《中华人民共和国民法典》

第五百零九条第一款 当事人应当按照约定全面履行自己的义务。

《中华人民共和国旅游法》

第三十二条 旅行社为招徕、组织旅游者发布信息，必须真实、准确，不得进行虚假宣传，误导旅游者。

第七十条第一款 旅行社不履行包价旅游合同义务或者履行合同义务不符合约定的，应当依法承担继续履行、采取补救措施或者赔偿损失等违约责任；造成旅游者人身损害、财产损失的，应当依法承担赔偿责任。旅行社具备履行条件，经旅游者要求仍拒绝履行合同，造成旅游者人身损害、滞留等严重后果的，旅游者还可以要求旅行社支付旅游费用一倍以上三倍以下的赔偿金。

举一反三

在订立旅游合同中，为了利润，旅行社经常用一些比较含糊的词表达与游客的重大利益相关的内容。为了能够更好地维护利益受损一方的利益，在这里重点区分一下合同违约与合同欺诈。

首先，从立法规定上来看，根据《中华人民共和国民法典》的相关规定，合同违约为：当事人一方不履行合同义务或者履行合同义务不符合约定。合同欺诈为：一方以欺诈手段，使对方在违背真实意思的情况下订立合同。

其次，从两者的侧重点上来看，合同违约的落脚点在于合同的履行情况，合同欺诈的落脚点在于订立合同的结果。

> 最后，从承担责任的方式上来看，违约方应承担继续履行、采取补救措施、赔偿损失或承担违约金等责任，合同欺诈的责任一般为返还财产及赔偿损失。

三、旅游消费纠纷

㊵ 旅游途中，旅游公司擅自改变旅游行程，消费者该怎么办？

遇事

扫一扫，听案情

哇，这条旅游线路看起来真不错，终于可以去看夏日的新疆了！

新疆七日游

导游，怎么今天少安排了一个关键景点啊？

时间太紧张了，我也没办法。

由于这次行程少安排了一个关键景点，我要求你们退还部分费用。

不可能。

旅行社擅自改变旅游行程，还拒不退还相关费用，我该怎么办啊？

119

说法

包价旅游合同是指旅游经营者预先安排行程，提供或者通过旅游辅助服务者提供交通、住宿、餐饮、游览、导游或者领队等两项以上旅游服务，旅游者以总价支付旅游费用的合同。根据《中华人民共和国旅游法》的相关规定，旅行社应当按照包价旅游合同的约定履行义务，不得擅自变更旅游行程安排。导游和领队应当严格执行旅游行程安排，不得擅自变更旅游行程或者中止服务活动，不得向旅游者索取小费，不得诱导、欺骗、强迫或者变相强迫旅游者购物或者参加另行付费旅游项目。此外，根据《最高人民法院关于审理旅游纠纷案件适用法律若干问题的规定》第15条第1款的规定，旅游经营者违反合同约定，有擅自改变旅游行程、遗漏旅游景点、减少旅游服务项目、降低旅游服务标准等行为，旅游者请求旅游经营者赔偿未完成约定旅游服务项目等合理费用的，人民法院应予支持。本案中，小张与旅行社订立的合同属于包价旅游合同，旅行社应当按照约定履行合同义务，其擅自变更行程安排的行为属于违约，根据上述法律规定，小张可以要求旅行社退还未安排景点的旅游费用。

找法

《中华人民共和国旅游法》

第四十一条第二款 导游和领队应当严格执行旅游行程安排，不得擅自变更旅游行程或者中止服务活动，不得向旅游者索取小费，不得诱导、欺骗、强迫或者变相强迫旅游者购物或者参加另行付费旅游项目。

第六十九条第一款 旅行社应当按照包价旅游合同的约定履行义务，不得擅自变更旅游行程安排。

三、旅游消费纠纷

《最高人民法院关于审理旅游纠纷案件适用法律若干问题的规定》

第十五条第一款 旅游经营者违反合同约定,有擅自改变旅游行程、遗漏旅游景点、减少旅游服务项目、降低旅游服务标准等行为,旅游者请求旅游经营者赔偿未完成约定旅游服务项目等合理费用的,人民法院应予支持。

举一反三

旅游行程安排,是旅游合同的重要内容,是旅游者参加旅游活动、享受旅游服务的重要体现。旅行社应当按照包价旅游合同的约定履行义务,不得擅自变更旅游行程安排。旅行社在旅游行程中擅自变更旅游行程安排,严重损害旅游者权益的,由旅游主管部门责令改正,处3万元以上30万元以下罚款,并责令停业整顿;造成旅游者滞留等严重后果的,吊销旅行社业务经营许可证;对直接负责的主管人员和其他直接责任人员,处2000元以上2万元以下罚款,并暂扣或者吊销导游证。

41 旅游途中，旅游公司擅自解除合同，消费者该怎么办？

遇事

李女士报名参加了一家旅行社的海南七日游活动，双方签订了旅游合同，合同中约定，本次旅行必须安排李女士入住海景房，若因旅行社原因导致旅客不能享受合同约定的服务，旅行社应该提前5天通知旅客，并承担旅游费总价的20%的违约责任。在旅游行程开始的前一天，旅行社告知李女士，因无法满足其住宿要求，要解除旅游合同。李女士要求旅行社退还旅游费全款，并承担约定的旅游费总价的20%的违约金。旅行社同意退还全款，但拒付违约金。旅行社可以不支付违约金吗？

说法

根据《中华人民共和国民法典》第509条第1款的规定，当事人应当按照约定全面履行自己的义务。根据《中华人民共和国旅游法》第66条的规定，旅游者有下列情形之一的，旅行社可以解除合同：（1）患有传染病等疾病，可能危害其他旅游者健康和安全的；（2）携带危害公共安全的物品且不同意交有关部门处理的；（3）从事违法或者违反社会公德的活动的；（4）从事严重影响其他旅游者权益的活动，且不听劝阻、不能制止的；（5）法律规定的其他情形。因前款规定情形解除合同的，组团社应当在扣除必要的费用后，将余款退还旅游者；给旅行社造成损失的，旅游者应当依法承担赔偿责任。本案中，李女士与旅行社在旅游合同中明确约定"若因旅行社原因导致旅客不能享受合同约定的服务，旅行社应该提前5天通知旅客，并承担旅游费总价的20%的违约责任"，旅行社无法满足李女士对住宿的要求，应按照合同约定提前5天通知李女士，但旅行社直到旅游行程开始的前一天才告知李女士这一情况，且在无法定解除合同的情形下提出解除合同，其行为属于违约，旅行社应当按照约定向李女士支付违约金。

找法

《中华人民共和国民法典》

第五百零九条第一款 当事人应当按照约定全面履行自己的义务。

《中华人民共和国旅游法》

第六十六条 旅游者有下列情形之一的，旅行社可以解除合同：
（一）患有传染病等疾病，可能危害其他旅游者健康和安全的；
（二）携带危害公共安全的物品且不同意交有关部门处理的；
（三）从事违法或者违反社会公德的活动的；
（四）从事严重影响其他旅游者权益的活动，且不听劝阻、不能制止的；
（五）法律规定的其他情形。

因前款规定情形解除合同的，组团社应当在扣除必要的费用后，将余款退还旅游者；给旅行社造成损失的，旅游者应当依法承担赔偿责任。

举一反三

根据《中华人民共和国民法典》关于合同解除的相关规定，有下列情形之一的，当事人可以解除合同（法定解除）：（1）因不可抗力致使不能实现合同目的；（2）在履行期限届满前，当事人一方明确表示或者以自己的行为表明不履行主要债务；（3）当事人一方迟延履行主要债务，经催告后在合理期限内仍未履行；（4）当事人一方迟延履行债务或者有其他违约行为致使不能实现合同目的；（5）法律规定的其他情形。以持续履行的债务为内容的不定期合同，当事人可以随时解除合同，但是应当在合理期限之前通知对方。合同解除后，尚未履行的，终止履行；已经履行的，根据履行情况和合同性质，当事人可以请求恢复原状或者采取其他补救措施，并有权请求赔偿损失。

三、旅游消费纠纷

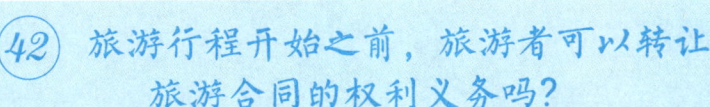

42 旅游行程开始之前，旅游者可以转让旅游合同的权利义务吗？

遇事

小美想好好享受夏日的美景，于是与一家旅行社签订了包价旅游合同。但旅游行程开始前5天，小美突然接到单位通知，近期单位有为期一个月的重要工作需要处理。小美找旅行社要求解除旅游合同。旅行社建议小美把合同的权利义务转让给第三人。小美可以转让旅游合同的权利义务吗？

```
    小美 ──签订旅游合同── 旅行社
       \               /
    转让合同权利义务  旅游合同法律关系
         \           /
          第三人
```

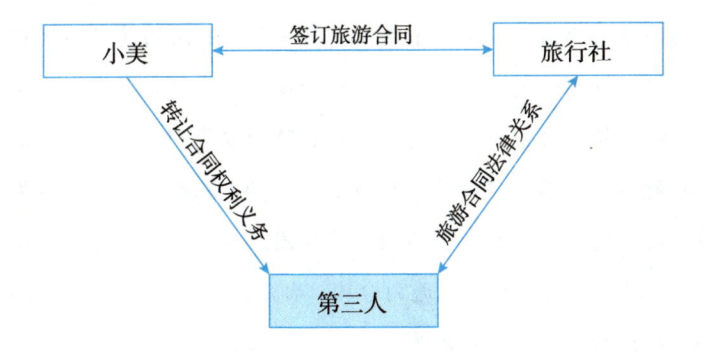

说法

根据《中华人民共和国旅游法》第64条的规定，旅游行程开始前，旅游者可以将包价旅游合同中自身的权利义务转让给第三人，旅行社没有正当理由的不得拒绝，因此增加的费用由旅游者和第三人承担。本案中，小美与旅行社签订了包价旅游合同，旅游行程开始之前，小美可以根据上述法律规定，将旅游合同中的权利义务转让给第三人。

125

找法

《中华人民共和国旅游法》

第六十四条 旅游行程开始前，旅游者可以将包价旅游合同中自身的权利义务转让给第三人，旅行社没有正当理由的不得拒绝，因此增加的费用由旅游者和第三人承担。

举一反三

实践中，旅程可能因各种原因"中断"，不同的情况的处理方式不同：（1）旅游者想退团。旅游行程开始前或者旅游途中，旅游者可以随时要求解除合同，但旅行社可以扣除必要费用（如已预订酒店房间且不能退房）后，将余款退给旅游者。（2）旅行社退团。如果没达到约定的成团人数且旅游者不同意"拼团"的，旅行社要向旅游者全额退款。（3）不可抗力。在遇到台风、自然灾害等不可抗力的情况时，旅游者和旅行社均可主张解除合同，旅行社扣除已支付且无法退回的费用（如机票退票费）后，将余款退给旅游者。（4）旅游者违法或者影响他人。如果旅游者携带危险品或者严重干扰团队其他人的，旅行社可以解除合同，扣除必要费用后，将余款退给旅游者，造成损失的，旅游者还可能面临赔偿。

三、旅游消费纠纷

43 消费者因旅游目的地发生不可抗力或意外事件而取消行程，能否要求退回已支付的旅游服务费？

遇事

王先生在网上找了一家旅行社，报名了"某地七日游"旅游项目。根据合同约定，旅行社已经为旅客订好了机票、酒店，就等着出发。但旅程开始前3日，旅游项目中涉及的几个景区所在地均发生了地震。因此，王先生向旅行社提出解除合同，并要求旅行社退还机票、酒店费用，同时要求旅行社承担违约责任。旅行社同意解除合同，但为旅客预订的飞机、酒店都正常运营，因此拒绝退还相关费用，更拒绝支付违约金。王先生的上述要求合理吗？

说法

根据《中华人民共和国旅游法》第67条的规定，因不可抗力或者旅行社、履行辅助人已尽合理注意义务仍不能避免的事件，影响旅游行程，合同不能继续履行的，旅行社和旅游者均可以解除合同。合同解除的，组团社应当在扣除已向地接社或者履行辅助人支付且不可退还的费用后，将余款退还旅游者。本案中，王先生报名的旅游项目中涉及的几个景区所在地发生了地震，属于不可抗力，这种不可抗力导致旅行社无法继续履行合同，因此，王先生不仅可以要求解除旅游合同，还可以要求旅行社退还未实际发生的费用。王先生既没上飞机，也未入住酒店，旅行社应当退还机票、酒店的费用。但景区所在地发生地震不是旅行社的原因造成的，旅行社不承担违约责任，王先生要求旅行社承担违约责任缺乏法律依据，不应支持。

找法

《中华人民共和国旅游法》

第六十七条 因不可抗力或者旅行社、履行辅助人已尽合理注意义务仍不能避免的事件,影响旅游行程的,按照下列情形处理:

(一)合同不能继续履行的,旅行社和旅游者均可以解除合同。合同不能完全履行的,旅行社经向旅游者作出说明,可以在合理范围内变更合同;旅游者不同意变更的,可以解除合同。

(二)合同解除的,组团社应当在扣除已向地接社或者履行辅助人支付且不可退还的费用后,将余款退还旅游者;合同变更的,因此增加的费用由旅游者承担,减少的费用退还旅游者。

(三)危及旅游者人身、财产安全的,旅行社应当采取相应的安全措施,因此支出的费用,由旅行社与旅游者分担。

(四)造成旅游者滞留的,旅行社应当采取相应的安置措施。因此增加的食宿费用,由旅游者承担;增加的返程费用,由旅行社与旅游者分担。

举一反三

旅游合同中可能存在一些"霸王条款",比如"因交通延误、自然灾害等不可抗力原因所致的额外费用,旅行社不予承担"。那么,遇到不可抗力,受害者就要承担全部损失吗?其实不然。典型的不可抗力包括两种类型:第一种是自然灾害,比如大风、大雾、地震、海啸、台风、洪水、泥石流等情况;第二种是社会异常事件,比如在国外旅游期间遇到了战争、政变、罢工、暴动等情况。遇到真正的不可抗力因素,影响旅行行程,导致合同不能继续履行的,旅行社和旅游者均可以解除合同。造成旅游者滞留的,旅行社应当采取相应的安置措施。

因此增加的食宿费用，由旅游者承担；增加的返程费用，由旅行社与旅游者分担。另需注意的是，一般的交通延误不属于不可抗力。但是，如果是因自然灾害、社会异常事件而产生的延误，也属不可抗力。[①]

[①] 参见《法官随手拿起一份旅游合同，圈出好几个"霸王条款"……》，载"最高人民法院司法案例研究院"微信公众号，https://mp.weixin.qq.com/s/jtyThDnQvCU9O-uWbp76PQ，最后访问日期：2025年6月4日。

44 旅客在旅途中被动物咬伤，应该由谁承担侵权责任？

遇事

张先生报名了一个旅行团，在旅游途中，游客们要求下车自由活动，下车前导游提示大家不要走远。张先生在下车活动时，被一条美丽的小路吸引，不由自主地走过去，谁知不慎被附近居民饲养的用铁链拴住的狗咬伤了。导游第一时间带张先生去大型医院打狂犬疫苗。事后，张先生以侵权为由将旅行社诉至法院。旅行社要承担侵权责任吗？

说法

根据《中华人民共和国旅游法》第81条的规定，突发事件或者旅游安全事故发生后，旅游经营者应当立即采取必要的救助和处置措施，依法履行报告义务，并对旅游者作出妥善安排。根据《最高人民法院关于审理旅游纠纷案件适用法律若干问题的规定》第17条的规定，旅游者在自行安排活动期间遭受人身损害、财产损失，旅游经营者未尽到必要的提示义务、救助义务，旅游者请求旅游经营者承担相应责任的，人民法院应予支持。前款规定的自行安排活动期间，包括旅游经营者安排的在旅游行程中独立的自由活动期间、旅游者不参加旅游行程的活动期间以及旅游者经导游或者领队同意暂时离队的个人活动期间等。根据《中华人民共和国民法典》第1245条的规定，饲养的动物造成他人损害的，动物饲养人或者管理人应当承担侵权责任；但是，能够证明损害是因被侵权人故意或者重大过失造成的，可以不承担或者减轻责任。本案中，张先生下车活动属于自由活动，被狗咬伤之后，导游第一时间带张先生去大型医院打了狂犬疫苗，且在张先生等游客下车活动前，导游也提示了不要走远，因此，旅行社已经尽到了必要的提示义务、救助义务，不应承担侵权责任。至于狗的饲养人，虽然狗用铁链拴住了，但拴住的狗也有咬伤他人的风险，因此，除非狗的饲养人能证明张先生受伤是因其故意或重大过失造成的，否则狗的饲养人要对张先生承担侵权责任。

找法

《中华人民共和国民法典》

第一千二百四十五条 饲养的动物造成他人损害的，动物饲养人或者管理人应当承担侵权责任；但是，能够证明损害是因被侵权人故意或者重大过失造成的，可以不承担或者减轻责任。

《中华人民共和国旅游法》

第八十一条 突发事件或者旅游安全事故发生后，旅游经营者应当立即采取必要的救助和处置措施，依法履行报告义务，并对旅游者作出妥善安排。

《最高人民法院关于审理旅游纠纷案件适用法律若干问题的规定》

第十七条 旅游者在自行安排活动期间遭受人身损害、财产损失，旅游经营者未尽到必要的提示义务、救助义务，旅游者请求旅游经营者承担相应责任的，人民法院应予支持。

前款规定的自行安排活动期间，包括旅游经营者安排的在旅游行程中独立的自由活动期间、旅游者不参加旅游行程的活动期间以及旅游者经导游或者领队同意暂时离队的个人活动期间等。

举一反三

旅游者在人身、财产安全遇有危险时,有权请求旅游经营者、当地政府和相关机构进行及时救助。中国出境旅游者在境外陷于困境时,有权请求我国驻当地机构在其职责范围内给予协助和保护。旅游者接受相关组织或者机构的救助后,应当支付应由个人承担的费用。

三、旅游消费纠纷

45 旅游过程中食物中毒，消费者应该向谁主张侵权责任？

遇事

A公司在中秋节期间安排所有员工外出团建，并与一家旅游公司签订了合同。旅游公司在中秋节当晚安排A公司所有员工在当地一家农家乐餐厅吃烤全羊和月饼。第二天，A公司所有员工都出现了身上起疹子、呕吐等情况。旅游公司连忙安排将A公司所有员工送往当地医院救治，医院诊断结果显示是食物中毒。后A公司查明，农家乐餐厅当天提供的羊肉、制作月饼馅儿所用的材料不新鲜。A公司将旅游公司告上法庭，要求其承担A公司所有员工的医疗费。对于A公司所有员工的损失，旅游公司应承担侵权责任吗？

说法

根据《中华人民共和国旅游法》第71条的规定，由于地接社、履行辅助人的原因导致违约的，由组团社承担责任；组团社承担责任后可以向地接社、履行辅助人追偿。由于地接社、履行辅助人的原因造成旅游者人身损害、财产损失的，旅游者可以要求地接社、履行辅助人承担赔偿责任，也可以要求组团社承担赔偿责任；组团社承担责任后可以向地接社、履行辅助人追偿。但是，由于公共交通经营者的原因造成旅游者人身损害、财产损失的，由公共交通经营者依法承担赔偿责任，旅行社应当协助旅游者向公共交通经营者索赔。本案中，农家乐餐厅是履行辅助人，也即与旅行社存在合同关系，协助旅行社履行包价旅游合同的实际提供服务的自然人或法人。游客食物中毒是因为农家乐餐厅提供的食材不新鲜，也即这次的侵权是履行辅助人的原因造成的。A公司既可以向农家乐餐厅主张赔偿责任，也可以直接向旅游公司主张赔偿责任。若旅游公司承担赔偿责任，可以向农家乐餐厅追偿。

找法

《中华人民共和国旅游法》

第七十一条 由于地接社、履行辅助人的原因导致违约的，由组团社承担责任；组团社承担责任后可以向地接社、履行辅助人追偿。

由于地接社、履行辅助人的原因造成旅游者人身损害、财产损失的，旅游者可以要求地接社、履行辅助人承担赔偿责任，也可以要求组团社承担赔偿责任；组团社承担责任后可以向地接社、履行辅助人追偿。但是，由于公共交通经营者的原因造成旅游者人身损害、财产损失的，由公共交通经营者依法承担赔偿责任，旅行社应当协助旅游者向公共交通经营者索赔。

《最高人民法院关于审理旅游纠纷案件适用法律若干问题的规定》

第七条 旅游经营者、旅游辅助服务者未尽到安全保障义务，造成旅游者人身损害、财产损失，旅游者请求旅游经营者、旅游辅助服务者承担责任的，人民法院应予支持。

因第三人的行为造成旅游者人身损害、财产损失，由第三人承担责任；旅游经营者、旅游辅助服务者未尽安全保障义务，旅游者请求其承担相应补充责任的，人民法院应予支持。

举一反三

旅游者在就餐前一定要查看餐饮提供者的有关合格证书，并问清楚食品的生产日期、保质期等重要信息，若发现食品不符合相关标准，可以拒绝就餐，要求旅行社提供符合标准的餐饮。

三、旅游消费纠纷

46 游客意外受伤，可否向旅行社主张违约责任？

遇事

吕女士跟几个闺蜜想去云南旅游，随后一起跟旅行社签订了"云南十日游"包价旅游合同。旅程中，吕女士很享受云南的美景。有一天，旅程结束后，吕女士在旅行社安排的酒店休息，结果在晾衣服时因地面湿滑而不慎摔倒。旅行社负责人及时将吕女士带去当地医院检查，医院诊断为右手臂骨折。吕女士出院后，要求旅行社承担违约责任、退还未实际发生的旅游费并承担其全部的医疗费用，还要求旅行社承担旅游费总价20%的违约金。吕女士的上述要求能得到支持吗？

说法

根据《中华人民共和国旅游法》第50条第1款的规定，旅游经营者应当保证其提供的商品和服务符合保障人身、财产安全的要求。但根据《中华人民共和国旅游法》第70条第2款的规定，由于旅游者自身原因导致包价旅游合同不能履行或者不能按照约定履行，或者造成旅游者人身损害、财产损失的，旅行社不承担责任。本案中，吕女士与旅行社之间形成包价旅游合同关系，旅行社应当保证为吕女士提供的商品或服务符合保障其人身、财产安全的要求。酒店作为履行辅助人也应保证旅游者的人身、财产安全。但吕女士摔倒是因为晾衣服时地面湿滑倒导致的，因此，是吕女士自己不小心导致自己摔倒的。此外，发生意外之后，旅行社负责人及时将吕女士送往当地医院治疗，已经尽到了安全保障义务。因此，吕女士要求旅行社退还未实际发生的旅游费是合理的，但要求旅行社承担医疗费用并支付违约金的要求缺乏法律依据，不能得到支持。

找法

《中华人民共和国旅游法》

第五十条第一款 旅游经营者应当保证其提供的商品和服务符合保障人身、财产安全的要求。

第五十四条 景区、住宿经营者将其部分经营项目或者场地交由他人从事住宿、餐饮、购物、游览、娱乐、旅游交通等经营的，应当对实际经营者的经营行为给旅游者造成的损害承担连带责任。

第七十条 旅行社不履行包价旅游合同义务或者履行合同义务不符合约定的，应当依法承担继续履行、采取补救措施或者赔偿损失等违约责任；造成旅游者人身损害、财产损失的，应当依法承担赔偿责任。旅行社具备履行条件，经旅游者要求仍拒绝履行合同，造成旅游者人身损害、滞留等严重后果的，旅游者还可以要求旅行社支付旅游费用一倍以上三倍以下的赔偿金。

由于旅游者自身原因导致包价旅游合同不能履行或者不能按照约定履行，或者造成旅游者人身损害、财产损失的，旅行社不承担责任。

在旅游者自行安排活动期间，旅行社未尽到安全提示、救助义务的，应当对旅游者的人身损害、财产损失承担相应责任。

举一反三

在消费过程中，经常会出现经营者的违约责任与侵权责任竞合的情况。违约责任与侵权责任的主要区别是：

第一，在归责原则上，违约责任采用无过错责任原则；侵权责任一般适用过错责任原则，特殊情况下适用无过错责任原则。

第二，在责任构成上，违约责任是只要违约，虽无损害，也要承担责任；侵权责任是无损害事实便无责任。

第三，在责任范围上，违约的赔偿责任主要是财产损失；侵权的赔偿责任还包括人身损害和精神损害。

在责任竞合的情况下，消费者与经营者虽有合同关系，但经营者的行为造成消费者人身损害或精神损害的，消费者可选择追究经营者的侵权责任。若经营者的行为仅造成合同标的的财产损失的，消费者可选择追究经营者的违约责任。

47 游客随身携带的行李物品遗失，可否向旅行社要求赔偿损失？

遇事

小美买了一款最新上市的手机，手机自带的相机像素很高，拍出来的照片特别好看。为了记录旅程的美好瞬间，小美带着自己的新手机一路拍照。不料，刚走到第二个景点，小美就发现手机不见了。在导游的协助下，小美找遍了去过的每个地方，但仍然没找到自己心爱的手机。小美很生气，就以导游没尽到安全保障义务为由，要求旅行社赔偿其损失。但导游表示，手机是小美的随身物品，不是由旅行社负责保管的物品，此外，自己在旅程中曾多次提醒过游客，一定要保管好随身行李物品，因此，旅行社不承担赔偿责任。小美能要求旅行社赔偿其损失吗？

说法

根据《最高人民法院关于审理旅游纠纷案件适用法律若干问题的规定》第19条的规定："旅游经营者或者旅游辅助服务者为旅游者代管的行李物品损毁、灭失，旅游者请求赔偿损失的，人民法院应予支持，但下列情形除外：（一）损失是由于旅游者未听从旅游经营者或者旅游辅助服务者的事先声明或者提示，未将现金、有价证券、贵重物品由其随身携带而造成的；（二）损失是由于不可抗力、意外事件造成的；（三）损失是由于旅游者的过错造成的；（四）损失是由于物品的自然属性造成的。"由此可知，旅游经营者或者旅游辅助服务者只有在为旅游者代管的行李物品损坏及灭失时承担赔偿责任。若损失是由于旅游者的过错造成的，旅游经营者或者旅游辅助服务者不承担赔偿责任。本案中，小美的手机是其随身携带的行李物品，而不是交给旅游经营者或者旅游辅助服务者保管的行李物品，因此，小美要求旅行社承担其损失的要求缺乏法律依据，不能得到支持。

找法

《最高人民法院关于审理旅游纠纷案件适用法律若干问题的规定》

第十九条 旅游经营者或者旅游辅助服务者为旅游者代管的行李物品损毁、灭失，旅游者请求赔偿损失的，人民法院应予支持，但下列情形除外：

（一）损失是由于旅游者未听从旅游经营者或者旅游辅助服务者的事先声明或者提示，未将现金、有价证券、贵重物品由其随身携带而造成的；

（二）损失是由于不可抗力、意外事件造成的；

（三）损失是由于旅游者的过错造成的；

（四）损失是由于物品的自然属性造成的。

举一反三

在旅行中，游客既可以将随身携带的钱包、手机、相机等小件物品交给旅行社代管，也可以将行李箱等大件物品交给旅行社代管，一旦旅行社同意代管，就要承担物品遗失的责任。同时，旅行社的提示义务应贯穿于整个旅游活动的始终。

旅行社在旅游合同、行程单、出团通知书中，以及导游在带团过程中，均应对旅游过程中可能发生的危及游客人身、财产安全的情况进行提示。旅行社的提示要有一定的预见性。比如，如果旅游行程涉及某偷盗案件频发的地区，那么旅行社应提前告知游客注意财产安全，贵重物品放置在酒店保险柜中、外出时应结伴而行、不露财等。但该预见性也应以合理为前提，不能以旅行社未对于一些常识性的风险进行提示而要求旅行社承担责任。

48 旅游过程中发生纠纷，旅游者可以通过哪些途径解决？

遇事

小李想报名参加一个旅游团出去游玩，来一场说走就走的旅行，但又担心旅游过程中可能会出现的种种纠纷。那么，如果在旅游过程中发生纠纷，小李可以通过哪些途径解决呢？

说法

在旅游过程中发生纠纷，旅游者可以通过以下五种方式处理：

第一，旅游者可先与相关人员进行友好协商。在协商过程中，要保持冷静和理性，避免情绪化的表达和过激行为，以免使矛盾进一步激化。同时，要注意保留好相关的证据，如旅游合同、行程单、发票、照片、视频等，以便在后续的处理中作为依据。

第二，如果旅游者与旅游经营者协商无果，可以向消费者协会或者旅游投诉受理机构投诉。投诉时，要详细说明纠纷的情况、自己的诉求以及与旅游经营者协商的过程和结果等。

第三，消费者协会、旅游投诉受理机构和有关调解组织可以在双方自愿的基础上，依法对旅游者与旅游经营者之间的纠纷进行调解。

第四，如果旅游者与旅游经营者在签订旅游合同时约定了仲裁条款或者事后与旅游经营者达成了仲裁协议，那么在发生纠纷时，旅游者可以向约定的仲裁机构申请仲裁。仲裁机构会根据双方提交的证据和材料进行审理，并作出仲裁裁决。仲裁裁决具有法律效力，双方当事人应当履行。

第五，旅游者可以选择直接向人民法院提起诉讼。在提起诉讼前，旅游者需要准备好相关的诉讼材料，如起诉状、证据清单、证据原件等。起诉状中要明确写明原告和被告的基本信息、诉讼请求、事实和理由等。

此外，旅游者与旅游经营者发生纠纷，旅游者一方人数众多并有共同请求的，可以推选代表人参加协商、调解、仲裁、诉讼活动。

找法

《中华人民共和国旅游法》

第九十一条　县级以上人民政府应当指定或者设立统一的旅游投诉受理机构。受理机构接到投诉，应当及时进行处理或者移交有关部门处理，并告知投诉者。

第九十二条　旅游者与旅游经营者发生纠纷，可以通过下列途径解决：

（一）双方协商；

（二）向消费者协会、旅游投诉受理机构或者有关调解组织申请调解；

（三）根据与旅游经营者达成的仲裁协议提请仲裁机构仲裁；

（四）向人民法院提起诉讼。

第九十三条　消费者协会、旅游投诉受理机构和有关调解组织在双方自愿的基础上，依法对旅游者与旅游经营者之间的纠纷进行调解。

第九十四条　旅游者与旅游经营者发生纠纷，旅游者一方人数众多并有共同请求的，可以推选代表人参加协商、调解、仲裁、诉讼活动。

举一反三

根据《中华人民共和国民事诉讼法》的相关规定，对于平等主体之间发生的民事纠纷，解决纠纷的方式多种多样，如双方可以自行和解，也可以要求第三方机构进行调解，也可以将纠纷提交仲裁机构进行裁决，还可以选择提起诉讼。诉讼只是纠纷解决的途径之一，当事人可以根据自己的实际情况选择最高效、简便的方式。

49 旅客在境外旅游，由第三者侵权致受伤，该找谁赔偿？

遇事

王女士一心想着退休后去欧洲旅行，终于等到这一天，就报名了一家旅行社的境外旅游团。在境外旅游时，王女士被一辆汽车撞倒，司机逃逸了。导游马上叫救护车将王女士送至当地医院，王女士被诊断为左脚粉碎性骨折，需要住院治疗1个月。出院后，王女士就找旅行社赔偿其损失。旅行社以自己对王女士的受伤无过错为由，拒绝赔偿。那么，王女士该找谁赔偿？

说法

根据《中华人民共和国旅游法》第70条规定的精神，旅游者与旅游经营者订立包价旅游合同后，在旅程中旅游者遭遇人身损害或财产损失的，旅游经营者应该承担安全保障及救济义务。旅游经营者或履行辅助人只有在未尽到安全保障义务或救济义务的情况下，才对旅游者的人身或财产损失承担责任。若旅游者的人身损害或财产损失是因自身原因、不可抗力、突发事件或第三方行为造成的，旅游经营者只有在自己安全保障义务履行范围内承担补充责任。根据《最高人民法院关于审理旅游纠纷案件适用法律若干问题的规定》第7条第2款的规定，因第三人的行为造成旅游者人身损害、财产损失，由第三人承担责任；旅游经营者、旅游辅助服务者未尽安全保障义务，旅游者请求其承担相应补充责任的，人民法院应予支持。本案中，王女士的人身损害是由第三方行为造成的，而且导游及时带王女士到当地医院进行就医，尽到了救济义务。因此，王女士的损失应该由该第三方承担。

三、旅游消费纠纷

🔍 找法

《中华人民共和国旅游法》

第七十条　旅行社不履行包价旅游合同义务或者履行合同义务不符合约定的，应当依法承担继续履行、采取补救措施或者赔偿损失等违约责任；造成旅游者人身损害、财产损失的，应当依法承担赔偿责任。旅行社具备履行条件，经旅游者要求仍拒绝履行合同，造成旅游者人身损害、滞留等严重后果的，旅游者还可以要求旅行社支付旅游费用一倍以上三倍以下的赔偿金。

由于旅游者自身原因导致包价旅游合同不能履行或者不能按照约定履行，或者造成旅游者人身损害、财产损失的，旅行社不承担责任。

在旅游者自行安排活动期间，旅行社未尽到安全提示、救助义务的，应当对旅游者的人身损害、财产损失承担相应责任。

《最高人民法院关于审理旅游纠纷案件适用法律若干问题的规定》

第七条　旅游经营者、旅游辅助服务者未尽到安全保障义务，造成旅游者人身损害、财产损失，旅游者请求旅游经营者、旅游辅助服务者承担责任的，人民法院应予支持。

因第三人的行为造成旅游者人身损害、财产损失，由第三人承担责任；旅游经营者、旅游辅助服务者未尽安全保障义务，旅游者请求其承担相应补充责任的，人民法院应予支持。

遇事找法 消费者权益保护一站式法律指引

举一反三

参加出境旅游的旅游者，在出发前，应尽量购买足额的人身意外保险；提前了解目的地民俗文化、宗教信仰、气象变化、国家局势等外部环境，查询我国外交部网站的风险提示；遵守当地法律法规及当地有关部门的安全提示；情况紧急时，及时报警求助并与中国驻外使领馆联系。①

---

① 参见《世界那么大，我想去看看　可境外旅游遭受人身、财产损害怎么办？》，载"山东高法"微信公众号，https://mp.weixin.qq.com/s/kieSQmGbppMzO804sf1UlQ，最后访问日期：2025年6月10日。

三、旅游消费纠纷

50 旅客在旅游景点买到的特产有质量问题，该怎么办？

遇事

小张报名了一家旅行社的跟团游，在旅游过程中，导游强烈推荐小张与其他旅客一起进入景区的购物中心购物。小张觉得这里的特产糕点还挺有营养价值的，就买了几袋。旅程结束后，小张将自己在旅行中买到的特产糕点送给家中老人。老人吃完糕点以后不久就开始不舒服，小张连忙将老人送去医院，医院诊断老人为食物中毒，需住院治疗一周。小张应找谁赔偿？

说法

《中华人民共和国旅游法》第35条规定："旅行社不得以不合理的低价组织旅游活动，诱骗旅游者，并通过安排购物或者另行付费旅游项目获取回扣等不正当利益。旅行社组织、接待旅游者，不得指定具体购物场所，不得安排另行付费旅游项目。但是，经双方协商一致或者旅游者要求，且不影响其他旅游者行程安排的除外。发生违反前两款规定情形的，旅游者有权在旅游行程结束后三十日内，要求旅行社为其办理退货并先行垫付退货货款，或者退还另行付费旅游项目的费用。"第54条规定："景区、住宿经营者将其部分经营项目或者场地交由他人从事住宿、餐饮、购物、游览、娱乐、旅游交通等经营的，应当对实际经营者的经营行为给旅游者造成的损害承担连带责任。"本案中，小张是从景区的购物中心买的特产糕点，因此，其可以向景区及实际经营者主张损害赔偿，而旅行社基于诚信原则，应当协助小张向景区及实际经营者索赔。

145

找法

《中华人民共和国旅游法》

第三十五条 旅行社不得以不合理的低价组织旅游活动，诱骗旅游者，并通过安排购物或者另行付费旅游项目获取回扣等不正当利益。

旅行社组织、接待旅游者，不得指定具体购物场所，不得安排另行付费旅游项目。但是，经双方协商一致或者旅游者要求，且不影响其他旅游者行程安排的除外。

发生违反前两款规定情形的，旅游者有权在旅游行程结束后三十日内，要求旅行社为其办理退货并先行垫付退货货款，或者退还另行付费旅游项目的费用。

第四十九条 为旅游者提供交通、住宿、餐饮、娱乐等服务的经营者，应当符合法律、法规规定的要求，按照合同约定履行义务。

第五十四条 景区、住宿经营者将其部分经营项目或者场地交由他人从事住宿、餐饮、购物、游览、娱乐、旅游交通等经营的，应当对实际经营者的经营行为给旅游者造成的损害承担连带责任。

举一反三

在旅游过程中，旅游者购买了当地特产，发现特产出现质量问题时，旅游者可以根据不同的情况选择具体的维权方式：

第一，若购买到的产品存在瑕疵，旅游者可以要求销售者承担违约责任。

第二，若购买到的产品有缺陷并造成旅游者人身和其他财产损害的，旅游者既可以要求产品的生产者承担侵权责任，也可以要求产品的销售者承担责任。

旅行社通常不承担责任，因为旅游者作为一个具有完全民事行为能力的人能够自主地作出选择和判断。但是，若旅行社在旅游过程中对旅游者作了不实推荐，在提供旅游服务中违反了诚信原则，可能需要承担旅游合同项下的违约责任，在特定情况下，还可能承担侵权责任。

四

消费者个人信息泄露纠纷

遇事找法 消费者权益保护一站式法律指引

> **51** 卖家擅自泄露消费者的个人信息，消费者可否要求经营者承担侵权责任？

遇事

萨女士从网上买了一件衣服，收到货之后发现衣服质量有问题，就找卖家退货，但卖家以各种理由拒绝退货。于是，萨女士向有关部门投诉。不久以后，卖家不停地给萨女士打骚扰电话，同时，萨女士发现自己的手机号、家庭住址等基本信息被卖家公布到网上。萨女士以卖家侵犯自己的隐私为由，要求卖家承担侵权责任。萨女士的请求有无法律依据？

说法

根据《中华人民共和国消费者权益保护法》第29条第2款的规定，经营者及其工作人员对收集的消费者个人信息必须严格保密，不得泄露、出售或者非法向他人提供。根据《中华人民共和国个人信息保护法》第69条第1款的规定，处理个人信息侵害个人信息权益造成损害，个人信息处理者不能证明自己没有过错的，应当承担损害赔偿等侵权责任。本案中，萨女士网购中将自己与消费有关的个人信息提供给卖家，卖家应当严格保密，不得随意泄露。卖家不但泄露了萨女士的个人信息，还通过收集到的手机号打电话骚扰萨女士，已经侵犯萨女士的隐私，因此，萨女士要求卖家承担侵权责任的主张是有法律依据的。

找法

《中华人民共和国消费者权益保护法》

第二十九条 经营者收集、使用消费者个人信息，应当遵循合法、正

四、消费者个人信息泄露纠纷

当、必要的原则，明示收集、使用信息的目的、方式和范围，并经消费者同意。经营者收集、使用消费者个人信息，应当公开其收集、使用规则，不得违反法律、法规的规定和双方的约定收集、使用信息。

经营者及其工作人员对收集的消费者个人信息必须严格保密，不得泄露、出售或者非法向他人提供。经营者应当采取技术措施和其他必要措施，确保信息安全，防止消费者个人信息泄露、丢失。在发生或者可能发生信息泄露、丢失的情况时，应当立即采取补救措施。

经营者未经消费者同意或者请求，或者消费者明确表示拒绝的，不得向其发送商业性信息。

《中华人民共和国个人信息保护法》

第六十九条第一款 处理个人信息侵害个人信息权益造成损害，个人信息处理者不能证明自己没有过错的，应当承担损害赔偿等侵权责任。

举一反三

根据《中华人民共和国民法典》第1034条的规定，自然人的个人信息受法律保护。个人信息是以电子或者其他方式记录的能够单独或者与其他信息结合识别特定自然人的各种信息，包括自然人的姓名、出生日期、身份证件号码、生物识别信息、住址、电话号码、电子邮箱、健康信息、行踪信息等。个人信息中的私密信息，适用有关隐私权的规定；没有规定的，适用有关个人信息保护的规定。从以上规定中可知，个人信息的范围比隐私的范围要大，个人信息包括了隐私，个人信息中的私密信息，适用有关隐私权的规定，个人信息中的非私密信息，适用有关个人信息保护的规定。在信息化网络时代，每个人都无法避免出于各种目的将自己的个人信息提供给有关组织或个人，消费者更要提高警惕，不能随便将自己的重要信息透露给他人。

52 网购中发现卖家过度收集消费者个人信息，该如何维权？

遇事

王女士在网上看上了一条裙子，准备下单支付之前，网页上弹出一个窗口，要求王女士填写个人的基本信息。王女士仔细一看，有一项要求是填写身份证号。王女士心想，这条裙子又不是跨境商品，不应该收集其身份证号，就想跳过该选项，但窗口提示不填写其身份证号就无法支付。王女士该如何维权？

说法

根据《中华人民共和国个人信息保护法》第5条、第6条、第16条的规定，处理个人信息应当遵循合法、正当、必要和诚信原则，不得通过误导、欺诈、胁迫等方式处理个人信息。处理个人信息应当具有明确、合理的目的，并应当与处理目的直接相关，采取对个人权益影响最小的方式。收集个人信息，应当限于实现处理目的的最小范围，不得过度收集个人信息。个人信息处理者不得以个人不同意处理其个人信息或者撤回同意为由，拒绝提供产品或者服务；处理个人信息属于提供产品或者服务所必需的除外。本案中，王女士在境内网购，只需要提供其姓名、手机号及家庭住址，以便实现卖家交货的目的。但卖家要求王女士提供身份证号的行为与卖家的交货目的无直接联系，因此，王女士可以根据上述法律规定，拒绝提供该信息。卖家因王女士不提供身份证号而拒绝售卖商品无法律依据，若经营者继续拒绝王女士下单购买商品，王女士可以向有关部门投诉。

四、消费者个人信息泄露纠纷

找法

《中华人民共和国个人信息保护法》

第五条　处理个人信息应当遵循合法、正当、必要和诚信原则，不得通过误导、欺诈、胁迫等方式处理个人信息。

第六条　处理个人信息应当具有明确、合理的目的，并应当与处理目的直接相关，采取对个人权益影响最小的方式。

收集个人信息，应当限于实现处理目的的最小范围，不得过度收集个人信息。

第十六条　个人信息处理者不得以个人不同意处理其个人信息或者撤回同意为由，拒绝提供产品或者服务；处理个人信息属于提供产品或者服务所必需的除外。

举一反三

无论是网购还是实体店购物，若经营者要收集消费者的个人信息，消费者一定要认真核实卖家收集的信息内容及范围，反复确认卖家收集个人信息的目的，若卖家要收集的个人信息超出其目的范围的，消费者应坚决拒绝提供个人信息。根据《中华人民共和国民法典》的规定，个人信息的收集要满足"告知"及"同意"两个必备条件，即告知收集、使用信息的目的、方式和范围，并经过权利人同意，方可收集个人信息。具体来说，消费者若遇到以下收集个人信息的情形，要坚决拒绝。

第一，征得用户同意前就开始收集个人信息或打开可收集个人信息的权限；

第二，用户明确表示不同意后，仍收集个人信息或打开可收集个

153

人信息的权限，或频繁征求用户同意、干扰用户正常使用；

第三，实际收集的个人信息或打开的可收集个人信息的权限超出用户授权范围；

第四，以默认选择同意隐私政策等非明示方式征求用户同意；

第五，未经用户同意更改其设置的可收集个人信息的权限状态，如应用程序更新时自动将用户设置的权限恢复到默认状态；

第六，利用用户个人信息和算法定向推送信息，未提供非定向推送信息的选项；

第七，以欺诈、诱骗等不正当方式误导用户同意收集个人信息或打开可收集个人信息的权限，如故意欺瞒、掩饰收集使用个人信息的真实目的；

第八，未向用户提供撤回同意收集个人信息的途径、方式；

第九，违反其所声明的收集使用规则，收集使用个人信息。

四、消费者个人信息泄露纠纷

53 卖家泄露消费者的个人信息,消费者能否主张精神损害赔偿?

遇事

扫一扫,听案情

> 你是不是买了保健品啊?你的个人信息被贴在商品详情页了!

> 你们凭什么泄露我的个人信息?请马上删除!

> 我们不是故意的……

> 卖家未经授权泄露了我的个人信息,给我造成了精神损害,我要求赔偿。

审判员

155

说法

根据《中华人民共和国民法典》第1038条第1款的规定，信息处理者不得泄露或者篡改其收集、存储的个人信息；未经自然人同意，不得向他人非法提供其个人信息，但是经过加工无法识别特定个人且不能复原的除外。此外，根据《中华人民共和国个人信息保护法》第10条、第69条第1款的规定，任何组织、个人不得非法收集、使用、加工、传输他人个人信息，不得非法买卖、提供或者公开他人个人信息；不得从事危害国家安全、公共利益的个人信息处理活动。处理个人信息侵害个人信息权益造成损害，个人信息处理者不能证明自己没有过错的，应当承担损害赔偿等侵权责任。本案中，卖家未经小美本人同意，将其个人信息贴在商品详情页上，侵犯了小美的合法权益，根据上述法律规定，卖家应及时删除商品详情页上贴的小美的个人信息。至于精神损害赔偿，根据《中华人民共和国消费者权益保护法》第51条的规定，经营者有侮辱诽谤、搜查身体、侵犯人身自由等侵害消费者或者其他受害人人身权益的行为，造成严重精神损害的，受害人可以要求精神损害赔偿。结合本案情况，目前并无证据显示小美因卖家泄露其个人信息而遭受严重精神损害，小美的精神损害赔偿主张于法无据，不应得到支持。

找法

《中华人民共和国民法典》

第一千零三十八条第一款 信息处理者不得泄露或者篡改其收集、存储的个人信息；未经自然人同意，不得向他人非法提供其个人信息，但是经过加工无法识别特定个人且不能复原的除外。

《中华人民共和国个人信息保护法》

第十条 任何组织、个人不得非法收集、使用、加工、传输他人个人信息，不得非法买卖、提供或者公开他人个人信息；不得从事危害国家安全、公共利益的个人信息处理活动。

第六十九条第一款 处理个人信息侵害个人信息权益造成损害，个人信息处理者不能证明自己没有过错的，应当承担损害赔偿等侵权责任。

《中华人民共和国消费者权益保护法》

第五十一条 经营者有侮辱诽谤、搜查身体、侵犯人身自由等侵害消费者或者其他受害人人身权益的行为，造成严重精神损害的，受害人可以要求精神损害赔偿。

举一反三

自然人的个人信息受法律保护。经营者侵害消费者个人信息依法得到保护的权利的，除承担相应的民事责任（停止侵害、恢复名誉、消除影响、赔礼道歉，并赔偿损失）外，其他有关法律、法规对处罚机关和处罚方式有规定的，依照法律、法规的规定执行；法律、法规未作规定的，由有关部门责令改正，可以根据情节单处或者并处警告、没收违法所得、处以违法所得1倍以上10倍以下的罚款，没有违法所得的，处以50万元以下的罚款；情节严重的，责令停业整顿、吊销营业执照。

54 消费者的个人信息被泄露，应该如何取证？

遇事

王先生在浏览网页时，意外发现自己的部分个人信息竟在网络上被肆意传播。他努力回想这些信息究竟是在何处泄露的，很快便联想到自己在网购过程中，曾按照网络购物平台的要求提供了个人详细信息。王先生意识到，如果决定通过法律途径维权，必须拿出确凿的证据。然而，面对个人信息泄露的困境，他一时之间却不知该如何有效取证。王先生应该怎么办？

说法

根据《中华人民共和国民事诉讼法》第67条第1款的规定，当事人对自己提出的主张，有责任提供证据。在民事领域内，证明责任分配的一般规则是"谁主张，谁举证"，一些特殊领域则实行举证责任倒置规则，如个人信息保护领域。根据《中华人民共和国个人信息保护法》第69条第1款的规定，处理个人信息侵害个人信息权益造成损害，个人信息处理者不能证明自己没有过错的，应当承担损害赔偿等侵权责任。显然，个人信息保护领域内，由处理个人信息者承担个人信息处理中受损结果与其行为无关联性的举证责任，个人只需提交个人信息被泄露的初步证据即可。若消费者能确定个人信息是从某个特定平台或机构泄露的，可提供与该平台或机构的交易记录、注册信息等。比如，消费者在某电商平台购物后个人信息被泄露，可提供订单截图、注册账号信息等证据。若消费者无法确定个人信息泄露的具体来源，可尝试回忆可能涉及的个人信息收集场景，如参加活动、填写问卷等，提供相关活动的信息、问卷内容等证据。

四、消费者个人信息泄露纠纷

找法

《中华人民共和国民事诉讼法》

第六十七条第一款 当事人对自己提出的主张，有责任提供证据。

《中华人民共和国个人信息保护法》

第六十九条第一款 处理个人信息侵害个人信息权益造成损害，个人信息处理者不能证明自己没有过错的，应当承担损害赔偿等侵权责任。

举一反三

根据《中华人民共和国民法典》第1036条的规定，处理个人信息，有下列情形之一的，行为人不承担民事责任：（1）在该自然人或者其监护人同意的范围内合理实施的行为；（2）合理处理该自然人自行公开的或者其他已经合法公开的信息，但是该自然人明确拒绝或者处理该信息侵害其重大利益的除外；（3）为维护公共利益或者该自然人合法权益，合理实施的其他行为。

55 消费者的快递信息被泄露，可否向快递公司主张侵权损害赔偿？

遇事

张先生在看新闻时发现某快递公司的快递员利用自己职务上的便利，将大量用户的基本信息以拍照等方式出售给他人，获取暴利。张先生想知道，若消费者发现自己的快递信息被泄露，是否可以向快递公司主张侵权损害赔偿？

说法

根据《中华人民共和国个人信息保护法》第6条第2款、第69条第1款的规定，收集个人信息，应当限于实现处理目的的最小范围，不得过度收集个人信息。处理个人信息侵害个人信息权益造成损害，个人信息处理者不能证明自己没有过错的，应当承担损害赔偿等侵权责任。本案中，若消费者发现自己的快递信息被泄露，可以向快递公司主张侵权损害赔偿。

找法

《中华人民共和国个人信息保护法》

第六条第二款 收集个人信息，应当限于实现处理目的的最小范围，不得过度收集个人信息。

第六十九条第一款 处理个人信息侵害个人信息权益造成损害，个人信息处理者不能证明自己没有过错的，应当承担损害赔偿等侵权责任。

四、消费者个人信息泄露纠纷

举一反三

　　个人信息泄露后，非法获取个人信息的人有可能利用这些个人信息从事各种侵害他人合法权益的犯罪活动，如披露他人隐私、窃取他人财产等。作为消费者，在填写收件地址时，可尽量避免填写较为明确的家庭地址，如有快递代收点，可填写代收点地址，同时在丢弃快递包装时，应将个人信息进行涂抹，以此减少个人信息的外泄，维护自身安全。

56 经营者未经许可将其掌握的消费者信息用于商业宣传，消费者该如何维权？

遇事

小美在某商场的专业婚纱摄影店拍了一套婚纱照。拍完照后，婚纱摄影店老板让小美1个月后来取照片。1个月后，小美按约定时间到商场取照片，却发现自己的婚纱照被做成海报悬挂在商场每一层的电梯出口。小美可以要求经营者承担侵权责任吗？

说法

根据《中华人民共和国民法典》第509条第2款、第1019条第2款的规定，当事人应当遵循诚信原则，根据合同的性质、目的和交易习惯履行通知、协助、保密等义务。未经肖像权人同意，肖像作品权利人不得以发表、复制、发行、出租、展览等方式使用或者公开肖像权人的肖像。此外，根据《中华人民共和国个人信息保护法》第69条第1款规定，处理个人信息侵害个人信息权益造成损害，个人信息处理者不能证明自己没有过错的，应当承担损害赔偿等侵权责任。本案中，小美在婚纱摄影店拍摄了婚纱照，与婚纱摄影店之间成立了合同关系，但小美并未同意婚纱摄影店可以将其照片用作商业宣传。婚纱摄影店擅自将小美的婚纱照做成海报悬挂在商场里宣传，侵犯了小美的肖像权、隐私权，也泄露了小美的个人信息，因此，婚纱摄影店应该承担侵权责任。

四、消费者个人信息泄露纠纷

找法

《中华人民共和国民法典》

第五百零九条第二款 当事人应当遵循诚信原则,根据合同的性质、目的和交易习惯履行通知、协助、保密等义务。

第一千零一十九条第二款 未经肖像权人同意,肖像作品权利人不得以发表、复制、发行、出租、展览等方式使用或者公开肖像权人的肖像。

《中华人民共和国个人信息保护法》

第十条 任何组织、个人不得非法收集、使用、加工、传输他人个人信息,不得非法买卖、提供或者公开他人个人信息;不得从事危害国家安全、公共利益的个人信息处理活动。

第六十九条第一款 处理个人信息侵害个人信息权益造成损害,个人信息处理者不能证明自己没有过错的,应当承担损害赔偿等侵权责任。

举一反三

《中华人民共和国民法典》第999条规定了合理使用他人肖像的范围,即"为公共利益实施新闻报道、舆论监督等行为的,可以合理使用民事主体的姓名、名称、肖像、个人信息等;使用不合理侵害民事主体人格权的,应当依法承担民事责任。"生活中,一些经营者为了更好地销售产品,经常会在线下门店或者电商平台展示买家秀照片,经营者在使用买家的照片时,要牢牢树立法律观念,增强权利意识,不可未经允许使用他人照片,切实做到合法经营。

五

未成年人、老年人消费纠纷

57 未成年人给网络游戏账号充值，家长可以申请退款吗？

遇事

扫一扫，听案情

等上完这节网课，我要打游戏……

哈哈，我要变得更强！

你们这款游戏怎么能允许一个未成年的小孩儿充值这么多钱？我要求退款！

请您稍等，我们需要时间核实一下具体情况。

他们到底会不会给我退款呢？都怪孩子不懂事……

说法

根据《中华人民共和国民法典》第19条、第145条第1款、第157条的规定，8周岁以上的未成年人为限制民事行为能力人，实施民事法律行为由其法定代理人代理或者经其法定代理人同意、追认；但是，可以独立实施纯获利益的民事法律行为或者与其年龄、智力相适应的民事法律行为。限制民事行为能力人实施的纯获利益的民事法律行为或者与其年龄、智力、精神健康状况相适应的民事法律行为有效；实施的其他民事法律行为经法定代理人同意或者追认后有效。民事法律行为无效、被撤销或者确定不发生效力后，行为人因该行为取得的财产，应当予以返还；不能返还或者没有必要返还的，应当折价补偿。有过错的一方应当赔偿对方由此所受到的损失；各方都有过错的，应当各自承担相应的责任。法律另有规定的，依照其规定。本案中，10岁的小明属于限制民事行为能力人，他的充值行为未经他妈妈追认，该行为无效，且小明充值的金额为5000元，与小明的年龄及智力状况不相符。因此，小明妈妈可以要求经营者退款。

找法

《中华人民共和国民法典》

第十九条 八周岁以上的未成年人为限制民事行为能力人，实施民事法律行为由其法定代理人代理或者经其法定代理人同意、追认；但是，可以独立实施纯获利益的民事法律行为或者与其年龄、智力相适应的民事法律行为。

第一百四十五条第一款 限制民事行为能力人实施的纯获利益的民事法律行为或者与其年龄、智力、精神健康状况相适应的民事法律行为有效；实施的其他民事法律行为经法定代理人同意或者追认后有效。

第一百五十七条 民事法律行为无效、被撤销或者确定不发生效力后，行为人因该行为取得的财产,应当予以返还;不能返还或者没有必要返还的,应当折价补偿。有过错的一方应当赔偿对方由此所受到的损失;各方都有过错的,应当各自承担相应的责任。法律另有规定的,依照其规定。

举一反三

　　家长或监护人发现未成年人给网络游戏充值后,应第一时间收集证据,如充值记录、消费凭证、聊天记录,然后与充值的平台或商家联系,说明情况并提出退款申请。在证据的收集、提供方面,家长或监护人需要注意以下几点:(1)要证明游戏是孩子在玩,可以通过游戏账号的登录时间、游戏内的聊天记录等来证明;(2)要证明充值行为是孩子在操作,可以提供充值记录、支付凭证等证据,并说明自己当时并不在场或并未授权孩子进行充值;(3)要证明家长或监护人对充值行为不知情或不认可,可以通过家长的陈述、相关聊天记录或支付记录等来证明。

58 未成年人花费数额较大款项给主播打赏，家长申请退款遭平台拒绝，该怎么办？

遇事

11岁的小正以看学习视频为由拿到了妈妈的手机，却偷偷用妈妈的手机刷短视频，并进入某直播间给主播打赏，先后给同一个主播打赏了8000元。小正的妈妈得知情况后，联系直播平台要求返还小正打赏的8000元，遭到了平台拒绝。小正的妈妈该如何维权？

说法

根据《中华人民共和国民法典》第19条、第145条第1款、第157条的规定，8周岁以上的未成年人为限制民事行为能力人，实施民事法律行为由其法定代理人代理或者经其法定代理人同意、追认；但是，可以独立实施纯获利益的民事法律行为或者与其年龄、智力相适应的民事法律行为。限制民事行为能力人实施的纯获利益的民事法律行为或者与其年龄、智力、精神健康状况相适应的民事法律行为有效；实施的其他民事法律行为经法定代理人同意或者追认后有效。民事法律行为无效、被撤销或者确定不发生效力后，行为人因该行为取得的财产，应当予以返还；不能返还或者没有必要返还的，应当折价补偿。有过错的一方应当赔偿对方由此所受到的损失；各方都有过错的，应当各自承担相应的责任。法律另有规定的，依照其规定。本案中，小正11岁，属于限制民事行为能力人。他打赏主播的金额是8000元，该消费行为与其年龄、智力状况不相适应，小正的妈妈拒绝追认，该消费行为无效。直播平台是为直播提供服务的一方，是"打赏"这种消费行为的平台经营主体，与消费者之间形成网络服务合同。因此，直播平台不得拒绝小正的妈妈让其返还8000元的请求。

找法

《中华人民共和国民法典》

第十九条　八周岁以上的未成年人为限制民事行为能力人，实施民事法律行为由其法定代理人代理或者经其法定代理人同意、追认；但是，可以独立实施纯获利益的民事法律行为或者与其年龄、智力相适应的民事法律行为。

第一百四十五条第一款　限制民事行为能力人实施的纯获利益的民事法律行为或者与其年龄、智力、精神健康状况相适应的民事法律行为有效；实施的其他民事法律行为经法定代理人同意或者追认后有效。

第一百五十七条　民事法律行为无效、被撤销或者确定不发生效力后，行为人因该行为取得的财产，应当予以返还；不能返还或者没有必要返还的，应当折价补偿。有过错的一方应当赔偿对方由此所受到的损失；各方都有过错的，应当各自承担相应的责任。法律另有规定的，依照其规定。

举一反三

　　直播打赏行为不是赠与，是消费者与直播平台之间形成的服务合同之下的消费行为。未成年人未经允许使用父母手机打赏主播，其全额退款申请能否获支持需视情况而定。不满8周岁的未成年人为无民事行为能力人，其打赏行为应属无效；8周岁以上的未成年人为限制民事行为能力人，若打赏金额与其年龄、智力不相适应，且事后未获得监护人同意、追认，同样无效。直播平台负有核实用户年龄等身份信

五、未成年人、老年人消费纠纷

息的义务。最终退款金额的确定，还需考量家长是否尽到监护义务等因素。家庭是第一课堂，父母或其他监护人应引导孩子理性消费，同时管理好自己的银行卡、支付密码等信息；网络平台也应当切实履行社会责任，健全审核机制。[①]

[①] 参见《@同学们，一文解锁"未成年人上网避坑指南"！》，载"北京丰台法院"微信公众号，https://mp.weixin.qq.com/s/nRorvJ64aTTDcy2g1MAkxA，最后访问日期：2025年6月10日。

59 商家诱导未成年人冲动消费，监护人该如何维权？

遇事

11岁生日后第二天，小明拿着自己的零花钱1000元到家附近的商场逛。小明走到一家电子产品店门口，售货员用"同龄小孩都在用"等话语，诱导小明买了一部手机。回家后，小明的妈妈发现他的手机，就询问手机的来源，小明将实情告知妈妈。小明的妈妈可以要求商家退货吗？

说法

根据《中华人民共和国民法典》第19条、第157条的规定，8周岁以上的未成年人为限制民事行为能力人，实施民事法律行为由其法定代理人代理或者经其法定代理人同意、追认；但是，可以独立实施纯获利益的民事法律行为或者与其年龄、智力相适应的民事法律行为。民事法律行为无效、被撤销或者确定不发生效力后，行为人因该行为取得的财产，应当予以返还；不能返还或者没有必要返还的，应当折价补偿。有过错的一方应当赔偿对方由此所受到的损失；各方都有过错的，应当各自承担相应的责任。法律另有规定的，依照其规定。此外，根据《中华人民共和国消费者权益保护法》第16条第3款的规定，经营者向消费者提供商品或者服务，应当恪守社会公德，诚信经营，保障消费者的合法权益；不得设定不公平、不合理的交易条件，不得强制交易。本案中，小明11岁，属于限制民事行为能力人，其买手机的行为不属于纯获利的行为，也不符合其年龄、智力状况。小明的妈妈到店里要求退货是在否认小明与电子产品店之间的买卖行为。另外，电子产品店应该从小明的外表能判断其为限制民事行为能力人，应该遵守《中华人民共和国消费者权益保护法》第16条的规定，诚信经营原则，不得诱导小明购买昂贵的手机。因此，小明妈妈要求退货的请求是有法律依据的。

五、未成年人、老年人消费纠纷

🔍 找法

《中华人民共和国民法典》

第十九条 八周岁以上的未成年人为限制民事行为能力人，实施民事法律行为由其法定代理人代理或者经其法定代理人同意、追认；但是，可以独立实施纯获利益的民事法律行为或者与其年龄、智力相适应的民事法律行为。

第一百五十七条 民事法律行为无效、被撤销或者确定不发生效力后，行为人因该行为取得的财产，应当予以返还；不能返还或者没有必要返还的，应当折价补偿。有过错的一方应当赔偿对方由此所受到的损失；各方都有过错的，应当各自承担相应的责任。法律另有规定的，依照其规定。

《中华人民共和国消费者权益保护法》

第十六条第三款 经营者向消费者提供商品或者服务，应当恪守社会公德，诚信经营，保障消费者的合法权益；不得设定不公平、不合理的交易条件，不得强制交易。

举一反三

《中华人民共和国未成年人保护法》规定了对未成年人的家庭保护、学校保护、社会保护和司法保护，即除了家庭和学校，社会也具有保护未成年人、引导未成年人健康成长的责任。商店为营利引导未成年人不良消费，甚至诱导协助未成年人欺骗父母、偷拿家里钱财等行为情节严重的，可能涉嫌违法。商家赚钱也应取之有道，父母、学校和市场监管部门也应当对此情况予以重视，引导未成年人健康、理性消费，为他们创造良好的成长环境。

60 金融消费服务者诱导老年人购买保险、理财等金融产品，老年人该如何索赔？

遇事

68岁的张大爷拿着30万元现金去某商业银行办理定期存款，但银行工作人员给张大爷推荐了一款理财产品，并极力鼓吹这款理财产品，称"收益非常高、几乎无风险"，同时拿出之前办理过同款理财产品的顾客记录。张大爷在工作人员的引导下购买了此款理财产品，认购期为1年。1年期满后，张大爷来银行收取收益，但银行工作人员告知张大爷，他购买的这款理财产品不仅没有获得收益，本金还损失了7%。张大爷很生气，要求银行赔偿其损失，但银行以张大爷购买此理财产品是基于自愿为由，拒绝赔偿损失。张大爷该如何维权？

说法

根据《中华人民共和国消费者权益保护法》第8条第1款、第20条第1款的规定，消费者享有知悉其购买、使用的商品或者接受的服务的真实情况的权利。经营者向消费者提供有关商品或者服务的质量、性能、用途、有效期限等信息，应当真实、全面，不得作虚假或者引人误解的宣传。同时，根据《中国人民银行金融消费者权益保护实施办法》第15条、第19条的规定，银行、支付机构应当尊重金融消费者购买金融产品或者服务的真实意愿，不得擅自代理金融消费者办理业务，不得擅自修改金融消费者的业务指令，不得强制搭售其他产品或者服务。银行、支付机构不得利用技术手段、优势地位，强制或者变相强制金融消费者接受金融产品或者服务，或者排除、限制金融消费者接受同业机构提供的金融产品或者服务。本案中，张大爷完全是在银行工作人员的诱导下购买的这款理财产品，而且张大爷年迈，银行工作人员让他购买的这款理财产品与其风险承受能力并不匹配。因此,张大爷可以根据上述法律规定要求银行赔偿其损失。

🔍 找法

《中华人民共和国消费者权益保护法》

第八条第一款 消费者享有知悉其购买、使用的商品或者接受的服务的真实情况的权利。

第二十条第一款 经营者向消费者提供有关商品或者服务质量、性能、用途、有效期限等信息,应当真实、全面不得作虚假宣传或者引人误解的宣传。

《中国人民银行金融消费者权益保护实施办法》

第十五条 银行、支付机构应当尊重金融消费者购买金融产品或者服务的真实意愿,不得擅自代理金融消费者办理业务,不得擅自修改金融消费者的业务指令,不得强制搭售其他产品或者服务。

第十九条 银行、支付机构不得利用技术手段、优势地位,强制或者变相强制金融消费者接受金融产品或者服务,或者排除、限制金融消费者接受同业机构提供的金融产品或者服务。

第二十条 银行、支付机构在提供金融产品或者服务的过程中,不得通过附加限制性条件的方式要求金融消费者购买、使用协议中未作明确要求的产品或者服务。

第六十二条 银行、支付机构违反本办法规定,有下列情形之一,有关法律、行政法规有处罚规定的,依照其规定给予处罚;有关法律、行政法规未作处罚规定的,中国人民银行或其分支机构应当根据情形单处或者并处警告、处以五千元以上三万元以下罚款:

……

（四）利用技术手段、优势地位，强制或者变相强制金融消费者接受金融产品或者服务，或者排除、限制金融消费者接受同业机构提供的金融产品或者服务的。

……

举一反三

银行、支付机构应当根据金融产品或者服务的特性评估其对金融消费者的适合度，合理划分金融产品和服务风险等级以及金融消费者风险承受等级，将合适的金融产品或者服务提供给适当的金融消费者；对金融产品和服务进行信息披露时，应当使用有利于金融消费者接受、理解的方式；对利率、费用、收益及风险等与金融消费者切身利益相关的重要信息，应当根据金融产品或者服务的复杂程度及风险等级，对其中关键的专业术语进行解释说明，并以适当方式供金融消费者确认其已接收完整信息；在进行营销宣传活动时，不得明示或者暗示保本、无风险或者保收益等，对非保本投资型金融产品的未来效果、收益或者相关情况作出保证性承诺。

五、未成年人、老年人消费纠纷

61 非法分子诱导老年人投资"以房养老"项目,非法占有老年人的房产,老年人该怎么办?

遇事

扫一扫,听案情

177

说法

本案是典型的"以房养老诈骗",其特点有三:一是假借国家"以房养老"政策名义虚构保险理财项目,骗取老年人的信赖;二是设置复杂的合同架构,如借款合同、抵押合同、委托合同等,让老年人难以识别其中套路;三是诱骗老年人办理房屋处分委托书等,在老年人不知情的情况下,安排人员代办房屋出售或抵押登记。根据《中华人民共和国刑法》第266条的规定:"诈骗公私财物,数额较大的,处三年以下有期徒刑、拘役或者管制,并处或者单处罚金;数额巨大或者有其他严重情节的,处三年以上十年以下有期徒刑,并处罚金;数额特别巨大或者有其他特别严重情节的,处十年以上有期徒刑或者无期徒刑,并处罚金或者没收财产。本法另有规定的,依照规定。"本案中,小王的行为构成了刑法上的诈骗罪,具体来讲,小王以非法占有为目的,虚构事实、隐瞒真相,通过虚假宣传的方式骗取了刘老太太的财物。此外,根据《最高人民法院、最高人民检察院关于办理诈骗刑事案件具体应用法律若干问题的解释》第1条第1款的规定:"诈骗公私财物价值三千元至一万元以上、三万元至十万元以上、五十万元以上的,应当分别认定为刑法第二百六十六条规定的'数额较大'、'数额巨大'、'数额特别巨大'。"小王骗取了刘老太太名下市值500万元的房屋,属于诈骗"数额特别巨大"。据此,刘老太太应及时向公安机关报案,请求追回被骗的钱财,同时积极保存相关证据,如已签订的数个不同名义的合同、与非法分子的聊天记录等。

找法

《中华人民共和国刑法》

第二百六十六条 诈骗公私财物,数额较大的,处三年以下有期徒刑、拘役或者管制,并处或者单处罚金;数额巨大或者有其他严重情节的,处三年以上十年以下有期徒刑，并处罚金；数额特别巨大或者有其他特别严重情节的，处十年以上有期徒刑或者无期徒刑，并处罚金或者没收财产。本法另有规定的，依照规定。

> 《最高人民法院、最高人民检察院关于办理诈骗刑事案件具体应用法律若干问题的解释》

第一条第一款　诈骗公私财物价值三千元至一万元以上、三万元至十万元以上、五十万元以上的，应当分别认定为刑法第二百六十六条规定的"数额较大"、"数额巨大"、"数额特别巨大"。

举一反三

实际上，正规的"以房养老"是国家施行的"老年人住房反向抵押养老保险"。具体来说，就是拥有房屋完全合法产权的老年人将其房产抵押给保险公司，继续拥有房屋占有、使用、收益和经抵押权人（保险公司）同意的处置权，并按照约定条件领取养老金直至身故；老年人身故后，保险公司获得抵押房产的处置权，处置所得将优先用于偿付养老保险相关费用。不法分子宣称的"以房养老"只是假借国家政策之名行诈骗钱财之实，老年人要从正规途径了解"以房养老"政策，千万不要被"保本高息""保证收益"等说辞迷惑，避免落入陷阱。

六

运输及其他消费纠纷

62 航空公司无故更改起飞时间，消费者该如何维权？

遇事

因工作关系，小美与丈夫长期分居两地。马上就要到两人的结婚纪念日了，小美想给丈夫一个惊喜，便提前买好了机票。当天，小美提前好几个小时到达机场等候，结果在规定的起飞时间前20分钟，航空公司突然通知飞机起飞时间将推迟3个小时。飞机延迟起飞会导致自己错过早已安排好的结婚纪念日的庆祝活动，小美要求航空公司给她安排其他航班。小美的维权诉求合理吗？

说法

根据《中华人民共和国民法典》第820条的规定，承运人应当按照有效客票记载的时间、班次和座位号运输旅客。承运人迟延运输或者有其他不能正常运输情形的，应当及时告知和提醒旅客，采取必要的安置措施，并根据旅客的要求安排改乘其他班次或者退票；由此造成旅客损失的，承运人应当承担赔偿责任，但是不可归责于承运人的除外。本案中，小美要到达目的地的时间对她来说具有重要的纪念意义，现航空公司临时通知更改起飞时间，应该按照上述法律规定采取必要的安置措施，满足小美安排其他航班的合理要求。

找法

《中华人民共和国民法典》

第八百二十条 承运人应当按照有效客票记载的时间、班次和座位号运输旅客。承运人迟延运输或者有其他不能正常运输情形的，应当及时告知和提醒旅客，采取必要的安置措施，并根据旅客的要求安排改乘其他班次或者退票；由此造成旅客损失的，承运人应当承担赔偿责任，但是不可归责于承运人的除外。

举一反三

由于承运人原因旅客非自愿变更客票的，承运人或者其航空销售代理人应当在有可利用座位或者被签转承运人同意的情况下，为旅客办理改期或者签转，不得向旅客收取客票变更费。其中，"承运人原因"是指承运人内部管理原因，包括机务维护、航班调配、机组调配等。

63 乘坐出租车中途发生车祸，乘客可否向出租车公司主张违约责任？

遇事

小张晚上下班打了一辆出租车回家，在快到家的一个拐弯处，司机没控制好车速，车身撞到了路边的铁栏杆。小张头部撞到车前，血流不止。小张被送往医院住院治疗1个月。出院后，小张找出租车公司及其司机赔偿其医疗费，可出租车公司以司机不是故意且司机也受伤了为由，拒绝赔偿。出租车公司的拒绝合理吗？

说法

根据《中华人民共和国民法典》第811条、第823条的规定，承运人应当在约定期限或者合理期限内将旅客、货物安全运输到约定地点。承运人应当对运输过程中旅客的伤亡承担赔偿责任；但是，伤亡是旅客自身健康原因造成的或者承运人证明伤亡是旅客故意、重大过失造成的除外。前款规定适用于按照规定免票、持优待票或者经承运人许可搭乘的无票旅客。此外，根据《中华人民共和国消费者权益保护法》第49条的规定，经营者提供商品或者服务，造成消费者或者其他受害人人身伤害的，应当赔偿医疗费、护理费、交通费等为治疗和康复支出的合理费用，以及因误工减少的收入。造成残疾的，还应当赔偿残疾生活辅助具费和残疾赔偿金。造成死亡的，还应当赔偿丧葬费和死亡赔偿金。本案中，小张与出租车公司之间形成运输合同法律关系，出租车司机有义务把小张安全送到目的地，且这次车祸是因为出租车司机没控制好车速造成的，因此，小张可以向出租车公司主张违约责任，出租车公司应当赔偿小张的医疗费。

六、运输及其他消费纠纷

🔍 找法

《中华人民共和国民法典》

第八百零九条 运输合同是承运人将旅客或者货物从起运地点运输到约定地点，旅客、托运人或者收货人支付票款或者运输费用的合同。

第八百一十一条 承运人应当在约定期限或者合理期限内将旅客、货物安全运输到约定地点。

第八百二十三条 承运人应当对运输过程中旅客的伤亡承担赔偿责任；但是，伤亡是旅客自身健康原因造成的或者承运人证明伤亡是旅客故意、重大过失造成的除外。前款规定适用于按照规定免票、持优待票或者经承运人许可搭乘的无票旅客。

《中华人民共和国消费者权益保护法》

第四十九条 经营者提供商品或者服务，造成消费者或者其他受害人人身伤害的，应当赔偿医疗费、护理费、交通费等为治疗和康复支出的合理费用，以及因误工减少的收入。造成残疾的，还应当赔偿残疾生活辅助具费和残疾赔偿金。造成死亡的，还应当赔偿丧葬费和死亡赔偿金。

举一反三

乘坐出租车出行时，如果发生交通事故，乘客的人身或财产受到损害，可以要求肇事方承担赔偿责任。此时，乘客主张的是侵权损害赔偿责任。同时，就乘客和出租车公司而言，他们之间是有运输合同关系的，所以乘客也可以要求出租车公司承担违约责任。乘客亦可以基于两个不同的法律关系向不同的相对人分别提起诉讼要求赔偿。无论选择哪种赔偿方式，损害赔偿的原则为填补原则，即受害人损害实际发生多少，赔偿就赔付多少。①

---

① 参见《【以案释法】乘坐出租车发生交通事故，乘客向谁索赔？》，载"海拉尔区人民法院"微信公众号，https://mp.weixin.qq.com/s/40gLoAiVyUFGtOl_6TaAeg，最后访问日期：2025年6月10日。

六、运输及其他消费纠纷

64 乘坐公交车途中受伤，乘客能否向公交公司主张精神损失费？

遇事

王五下班乘坐公交车回家，快到家时，公交车因车速过快，与对面驶来的另一辆公交车相撞，包括王五在内的多名乘客受伤。王五面部受损严重，被鉴定为六级伤残。王五据此要求公交公司赔偿其医疗费10万元，同时要求公交公司赔偿其4万元的精神损失费。公交公司同意赔偿其医疗费，但拒绝赔偿精神损失费。公交公司的拒绝是否具有法律依据？

说法

根据《中华人民共和国民法典》第811条、第823条第1款的规定，承运人应当在约定期限或者合理期限内将旅客、货物安全运输到约定地点。承运人应当对运输过程中旅客的伤亡承担赔偿责任；但是，伤亡是旅客自身健康原因造成的或者承运人证明伤亡是旅客故意、重大过失造成的除外。本案中，王五因公交车发生车祸而受伤，公交公司违反将旅客安全运输至目的地的义务，理应承担违约责任，赔偿王五的医疗费。至于精神损失费，根据《中华人民共和国民法典》第996条的规定，因当事人一方的违约行为，损害对方人格权并造成严重精神损害，受损害方选择请求其承担违约责任的，不影响受损害方请求精神损害赔偿。其中，"人格权"是指民事主体享有的生命权、身体权、健康权、姓名权、肖像权、名誉权、荣誉权、隐私权等权利。王五因这次车祸面部受损严重，被认定为六级伤残，其人格权受损，造成了严重精神损害。因此，王五可以要求公交公司赔偿其精神损失费。

找法

《中华人民共和国民法典》

第八百一十一条 承运人应当在约定期限或者合理期限内将旅客、货物安全运输到约定地点。

第八百二十三条 承运人应当对运输过程中旅客的伤亡承担赔偿责任；但是，伤亡是旅客自身健康原因造成的或者承运人证明伤亡是旅客故意、重大过失造成的除外。

前款规定适用于按照规定免票、持优待票或者经承运人许可搭乘的无票旅客。

第九百九十六条 因当事人一方的违约行为，损害对方人格权并造成严重精神损害，受损害方选择请求其承担违约责任的，不影响受损害方请求精神损害赔偿。

《中华人民共和国消费者权益保护法》

第五十一条 经营者有侮辱诽谤、搜查身体、侵犯人身自由等侵害消费者或者其他受害人人身权益的行为，造成严重精神损害的，受害人可以要求精神损害赔偿。

举一反三

司法实践中，交通事故精神损害赔偿的金额需综合受害人的伤残等级、地方经济水平和个案情节确定。建议受害人及时鉴定伤情、保留证据，必要时委托律师参与谈判或诉讼，以最大化保障自身权益。若保险公司拒赔或压低金额，可通过司法程序主张合理赔偿。

六、运输及其他消费纠纷

> **65** 购房后无法正常用电，买受人可否要求开发商修理电路并赔偿损失？

遇事

王五从一家开发商处购买了一套精装修的三室一厅的房子，办完所有手续后，王先生一家开心地搬进了新房子。谁知，刚住进来不久，新房子就无法正常用电了。无奈之下，王先生给物业公司打电话，工作人员检查后含糊其词地说电路没有什么问题，便离开了。王先生又找来一名专业电工检查，发现是开发商设计的电路有问题，若要彻底修理好，花费会比较大。王先生可否要求开发商修理电路并赔偿损失？

说法

根据《中华人民共和国民法典》第577条、第582条的规定，当事人一方不履行合同义务或者履行合同义务不符合约定的，应当承担继续履行、采取补救措施或者赔偿损失等违约责任。履行不符合约定的，应当按照当事人的约定承担违约责任。对违约责任没有约定或者约定不明确，依据本法第510条的规定仍不能确定的，受损害方根据标的的性质以及损失的大小，可以合理选择请求对方承担修理、重作、更换、退货、减少价款或者报酬等违约责任。此外，根据《中华人民共和国消费者权益保护法》第52条的规定，经营者提供商品或者服务，造成消费者财产损害的，应当依照法律规定或者当事人约定承担修理、重作、更换、退货、补足商品数量、退还货款和服务费用或者赔偿损失等民事责任。开发商作为建设单位，对其交付的房屋应当承担质量瑕疵担保责任，对存在质量问题的房屋应当及时予以修复。本案中，王先生之所以无法用电，是因为房屋本身的电路有质量问题，出现质量问题的电路系统虽然不属于房屋主体结构，但仍然是房屋整体的组成部分。因此，王先生可以要求开发商修理房屋电路并赔偿损失，开发商不能拒绝。

找法

《中华人民共和国民法典》

第五百七十七条 当事人一方不履行合同义务或者履行合同义务不符合约定的，应当承担继续履行、采取补救措施或者赔偿损失等违约责任。

第五百八十二条 履行不符合约定的，应当按照当事人的约定承担违约责任。对违约责任没有约定或者约定不明确，依据本法第五百一十条的规定仍不能确定的，受损害方根据标的的性质以及损失的大小，可以合理选择请求对方承担修理、重作、更换、退货、减少价款或者报酬等违约责任。

《中华人民共和国消费者权益保护法》

第二十四条 经营者提供的商品或者服务不符合质量要求的，消费者可以依照国家规定、当事人约定退货，或者要求经营者履行更换、修理等义务。没有国家规定和当事人约定的，消费者可以自收到商品之日起七日内退货；七日后符合法定解除合同条件的，消费者可以及时退货，不符合法定解除合同条件的，可以要求经营者履行更换、修理等义务。

依照前款规定进行退货、更换、修理的，经营者应当承担运输等必要费用。

第五十二条 经营者提供商品或者服务，造成消费者财产损害的，应当依照法律规定或者当事人约定承担修理、重作、更换、退货、补足商品数量、退还货款和服务费用或者赔偿损失等民事责任。

六、运输及其他消费纠纷

举一反三

　　房地产开发企业应当对所售商品房承担质量保修责任。当事人应当在合同中就保修范围、保修期限、保修责任等内容作出约定。保修期从交付之日起计算。商品在保修期限内发生的属于保修范围的质量问题，房地产开发企业应当履行保修义务，并对造成的损失承担赔偿责任。因不可抗力或者使用不当造成的损坏，房地产开发企业不承担责任。

66 新车刚开出汽车销售门店便发生严重质量问题，消费者该怎么维权？

遇事

小艾凑够了买车的首付，满怀期待地看了半个月的车之后，终于在一家汽车销售门店看上了一辆车。双方签完合同，所有手续都办好了，小艾便开心地把车开走了。但还不到家门口，新车突然自动熄火。于是小艾给门店打电话，门店找人把车拖回去检查，发现是车的发动机存在质量问题。小艾要求门店给她换一辆一模一样的新车，但门店以各种理由推脱。面对汽车销售门店的推脱，小艾该如何维权？

说法

根据《中华人民共和国消费者权益保护法》第24条第1款的规定，经营者提供的商品或者服务不符合质量要求的，消费者可以依照国家规定、当事人约定退货，或者要求经营者履行更换、修理等义务。没有国家规定和当事人约定的，消费者可以自收到商品之日起7日内退货；7日后符合法定解除合同条件的，消费者可以及时退货，不符合法定解除合同条件的，可以要求经营者履行更换、修理等义务。此外，根据《家用汽车产品修理更换退货责任规定》第22条的规定，家用汽车产品自三包有效期起算之日起7日内，因质量问题需要更换发动机、变速器、动力蓄电池、行驶驱动电机或者其主要零部件的，消费者可以凭购车发票、三包凭证选择更换家用汽车产品或者退货。销售者应当免费更换或者退货。本案中，小艾与汽车销售门店签订合同后，刚把新车开走就出现了质量问题，在三包责任有效期内，根据上述法律规定，小艾有权要求汽车销售门店更换有质量问题的汽车。

六、运输及其他消费纠纷

🔍 找法

《中华人民共和国消费者权益保护法》

第二十四条第一款 经营者提供的商品或者服务不符合质量要求的，消费者可以依照国家规定、当事人约定退货，或者要求经营者履行更换、修理等义务。没有国家规定和当事人约定的，消费者可以自收到商品之日起七日内退货；七日后符合法定解除合同条件的，消费者可以及时退货，不符合法定解除合同条件的，可以要求经营者履行更换、修理等义务。

第四十条 消费者在购买、使用商品时，其合法权益受到损害的，可以向销售者要求赔偿。销售者赔偿后，属于生产者的责任或者属于向销售者提供商品的其他销售者的责任的，销售者有权向生产者或者其他销售者追偿。

消费者或者其他受害人因商品缺陷造成人身、财产损害的，可以向销售者要求赔偿，也可以向生产者要求赔偿。属于生产者责任的，销售者赔偿后，有权向生产者追偿。属于销售者责任的，生产者赔偿后，有权向销售者追偿。

消费者在接受服务时，其合法权益受到损害的，可以向服务者要求赔偿。

《家用汽车产品修理更换退货责任规定》

第十八条 家用汽车产品的三包有效期不得低于2年或者行驶里程50000公里，以先到者为准；包修期不得低于3年或者行驶里程60000公里，以先到者为准。

三包有效期和包修期自销售者开具购车发票之日起计算；开具购车发票日期与交付家用汽车产品日期不一致的，自交付之日起计算。

第二十二条 家用汽车产品自三包有效期起算之日起7日内，因质量问题需要更换发动机、变速器、动力蓄电池、行驶驱动电机或者其主要零部件的，消费者可以凭购车发票、三包凭证选择更换家用汽车产品或者退货。销售者应当免费更换或者退货。

举一反三

家用汽车产品在三包有效期内出现下列情形之一，消费者凭购车发票、三包凭证选择更换家用汽车产品或者退货的，销售者应当更换或者退货：（1）因严重安全性能故障累计进行2次修理，但仍未排除该故障或者出现新的严重安全性能故障的；（2）发动机、变速器、动力蓄电池、行驶驱动电机因其质量问题累计更换2次，仍不能正常使用的；（3）发动机、变速器、动力蓄电池、行驶驱动电机、转向系统、制动系统、悬架系统、传动系统、污染控制装置、车身的同一主要零部件因其质量问题累计更换2次，仍不能正常使用的；（4）因质量问题累计修理时间超过30日，或者因同一质量问题累计修理超过4次的。

发动机、变速器、动力蓄电池、行驶驱动电机的更换次数与其主要零部件的更换次数不重复计算。

需要根据车辆识别代号（VIN）等定制的防盗系统、全车主线束等特殊零部件和动力蓄电池的运输时间，以及外出救援路途所占用的时间，不计入前述第（4）项规定的修理时间。

六、运输及其他消费纠纷

67 购买二手车之后发现销售者隐瞒车的质量瑕疵，该怎么办？

遇事

张三从某二手车销售公司购买了一辆二手车，但车辆年检时得知该车之前发生过重大事故且存在多次维修记录。张三很气愤，销售者连这么明显的质量瑕疵都没有告知自己。于是，张三找该二手车销售公司要求退货并赔偿损失，但销售者以该车的原车主未向自己透露此瑕疵、自己并不知情为由拒绝退货。张三该如何维权？

说法

根据《中华人民共和国消费者权益保护法》第8条第1款、第20条第1款、第55条的规定，消费者享有知悉其购买、使用的商品或者接受的服务的真实情况的权利。经营者向消费者提供有关商品或者服务的质量、性能、用途、有效期限等信息，应当真实、全面，不得作虚假或者引人误解的宣传。经营者提供商品或者服务有欺诈行为的，应当按照消费者的要求增加赔偿其受到的损失，增加赔偿的金额为消费者购买商品的价款或者接受服务的费用的3倍；增加赔偿的金额不足500元的，为500元。法律另有规定的，依照其规定。经营者明知商品或者服务存在缺陷，仍然向消费者提供，造成消费者或者其他受害人死亡或者健康严重损害的，受害人有权要求经营者依照本法规定赔偿损失，并有权要求所受损失2倍以下的惩罚性赔偿。此外，根据《中华人民共和国民法典》第148条的规定，一方以欺诈手段，使对方在违背真实意思的情况下实施的民事法律行为，受欺诈方有权请求人民法院或者仲裁机构予以撤销。本案中，该二手车销售公司有义务将与所售车辆有关的所有重要信息全面、真实地告知张三，涉案车辆之前发生过重大事故且存在多次维修记录。因此，二手车销售公司隐瞒此项重要信息构成欺诈行为，张三可以撤销合同并要求退货，二手车销售公司不得拒绝。

找法

《中华人民共和国消费者权益保护法》

第八条第一款 消费者享有知悉其购买、使用的商品或者接受的服务的真实情况的权利。

第二十条第一款 经营者向消费者提供有关商品或者服务的质量、性能、用途、有效期限等信息，应当真实、全面，不得作虚假或者引人误解的宣传。

第五十五条 经营者提供商品或者服务有欺诈行为的，应当按照消费者的要求增加赔偿其受到的损失，增加赔偿的金额为消费者购买商品的价款或者接受服务的费用的三倍；增加赔偿的金额不足五百元的，为五百元。法律另有规定的，依照其规定。

经营者明知商品或者服务存在缺陷，仍然向消费者提供，造成消费者或者其他受害人死亡或者健康严重损害的，受害人有权要求经营者依照本法第四十九条、第五十一条等法律规定赔偿损失，并有权要求所受损失二倍以下的惩罚性赔偿。

《中华人民共和国民法典》

第一百四十八条 一方以欺诈手段，使对方在违背真实意思的情况下实施的民事法律行为，受欺诈方有权请求人民法院或者仲裁机构予以撤销。

第一百五十七条 民事法律行为无效、被撤销或者确定不发生效力后，行为人因该行为取得的财产，应当予以返还；不能返还或者没有必要返还的，应当折价补偿。有过错的一方应当赔偿对方由此所受到的损失；各方都有过错的，应当各自承担相应的责任。法律另有规定的，依照其规定。

六、运输及其他消费纠纷

举一反三

现代社会，汽车是很重要的交通工具，也是很多人的生活必需品。但在二手车交易市场上，二手车销售商隐瞒二手车重要信息的情况时有发生。消费者在购买二手车之前，应重点查看所购车辆在此之前的重大维修记录。根据现行法律规定，在二手车销售商向买家交付存在质量瑕疵的汽车的情形下，销售商的行为存在违约，应向买受人承担质量瑕疵担保责任。如果买卖双方对该违约责任的承担有约定的，买受人可按照约定索赔；若无约定的，买受人可要求销售商承担修理、重作、更换、退货、减价和赔偿损失等违约责任。若因二手车有缺陷危及他人人身、财产安全的，受害人有权请求生产者、销售者承担停止侵害、排除妨碍、消除危险等侵权责任。

遇事找法 消费者权益保护一站式法律指引

68 购车合同中没有约定"金融服务费",但商家表示不支付"金融服务费"就不能提车,消费者该怎么办?

遇事

扫一扫,听案情

- 王先生,您放心,这辆车绝对物超所值。
- 王先生,您还得交一笔金融服务费,交完才能提车。
- 合同里根本没写这笔费用,也没人跟我说过,我拒绝支付!
- 不交金融服务费,这车您就提不走。
- 你们这是欺诈,我不会交这笔钱的。
- 我到底能不能撤销购车合同呢?

说法

根据《中华人民共和国消费者权益保护法》第8条、第48条第1款、第55条第1款的规定，消费者享有知悉其购买、使用的商品或者接受的服务的真实情况的权利。经营者提供的服务的内容和费用违反约定的，除本法另有规定外，应当依照其他有关法律、法规的规定，承担民事责任。经营者提供商品或者服务有欺诈行为的，应当按照消费者的要求增加赔偿其受到的损失，增加赔偿的金额为消费者购买商品的价款或者接受服务的费用的3倍；增加赔偿的金额不足500元的，为500元。法律另有规定的，依照其规定。此外，根据《中华人民共和国民法典》第148条、第157条的规定，一方以欺诈手段，使对方在违背真实意思的情况下实施的民事法律行为，受欺诈方有权请求人民法院或者仲裁机构予以撤销。民事法律行为无效、被撤销或者确定不发生效力后，行为人因该行为取得的财产，应当予以返还；不能返还或者没有必要返还的，应当折价补偿。有过错的一方应当赔偿对方由此所受到的损失；各方都有过错的，应当各自承担相应的责任。法律另有规定的，依照其规定。汽车销售店作为销售方，有义务向消费者说明销售车辆和提供服务的详细信息以及收费项目的数额和明细，"金融服务费"当然也包括在内。汽车销售店如果向消费者详细说明了"金融服务费"的具体情况，消费者同意委托汽车销售店代为办理车辆贷款手续等服务，并同意支付该项费用，则双方意思表示一致，约定的内容成立并有效，汽车销售店收取该项费用并无不可。但在本案中，汽车销售店事先并未告知王先生要收取"金融服务费"且合同中未明确约定该项费用，等王先生提车时却要收取该项费用，汽车销售店的行为构成欺诈，王先生可以根据上述法律规定，请求人民法院或仲裁机构撤销购车合同并赔偿损失。

找法

《中华人民共和国消费者权益保护法》

第八条第一款 消费者享有知悉其购买、使用的商品或者接受的服务的真实情况的权利。

第四十八条 经营者提供商品或者服务有下列情形之一的,除本法另有规定外,应当依照其他有关法律、法规的规定,承担民事责任:

……

(七)服务的内容和费用违反约定的;

……

第五十五条 经营者提供商品或者服务有欺诈行为的,应当按照消费者的要求增加赔偿其受到的损失,增加赔偿的金额为消费者购买商品的价款或者接受服务的费用的三倍;增加赔偿的金额不足五百元的,为五百元。法律另有规定的,依照其规定。

经营者明知商品或者服务存在缺陷,仍然向消费者提供,造成消费者或者其他受害人死亡或者健康严重损害的,受害人有权要求经营者依照本法第四十九条、第五十一条等法律规定赔偿损失,并有权要求所受损失二倍以下的惩罚性赔偿。

《中华人民共和国民法典》

第一百四十八条 一方以欺诈手段,使对方在违背真实意思的情况下实施的民事法律行为,受欺诈方有权请求人民法院或者仲裁机构予以撤销。

第一百五十七条 民事法律行为无效、被撤销或者确定不发生效力后,行为人因该行为取得的财产,应当予以返还;不能返还或者没有必要返还的,应当折价补偿。有过错的一方应当赔偿对方由此所受到的损失;各方都有过错的,应当各自承担相应的责任。法律另有规定的,依照其规定。

第五百条 当事人在订立合同过程中有下列情形之一,造成对方损失

六、运输及其他消费纠纷

的，应当承担赔偿责任：

（一）假借订立合同，恶意进行磋商；

（二）故意隐瞒与订立合同有关的重要事实或者提供虚假情况；

（三）有其他违背诚信原则的行为。

举一反三

根据《关于整治银行业金融机构不规范经营的通知》的相关规定："银行业金融机构不得借发放贷款或以其他方式提供融资之机，要求客户接受不合理中间业务或其他金融服务而收取费用。"从法律层面上来讲，如果汽车销售店诱导消费者选择贷款购车并收取"金融服务费"，其行为已构成附加不合理条件的违法行为。消费者在购买汽车类大宗商品时，务必要比其他日常消费更加小心谨慎且应具备基本的社会常识，应当履行基本的审查义务；消费者与汽车销售店签订购车合同时务必仔细阅读合同条款，了解每笔款项的由来；对于购车所付的各项费用，消费者应当注意审查名目明细，要求经销商及时开具发票或单据，交易留痕并予以保存。对于销售人员的承诺要体现在合同文本中，并注意核验销售人员的身份信息。一旦出现纠纷，消费者可以通过与经营者协商、向汽车厂家投诉、向消费者协会或有关部门投诉、仲裁或诉讼等合理方式理性维权。

69 医疗美容院虚假宣传，消费者该如何维权？

遇事

王女士在商场逛街时收到一张医疗美容的宣传单，宣传内容及价格颇为让人心动。王女士根据宣传单上的地址找A医疗美容院。王女士提出想要做全套的皮肤美容、去掉抬头纹以及额头上的斑点，服务人员表示自家美容院的仪器比其他店要更先进，做完就能立即见效。于是，王女士交完费用就开始体验这家美容院的美容项目了。结果，做完所有美容项目之后，王女士的抬头纹和额头上的斑点更明显了。服务人员狡辩说，做完1个月以后才能见到明显的效果。王女士既生气又无奈，回家等待了1个月之后，脸部状况更差了。王女士该如何维权？

说法

根据《中华人民共和国消费者权益保护法》第45条第1款、第55条的规定，消费者因经营者利用虚假广告或者其他虚假宣传方式提供商品或者服务，其合法权益受到损害的，可以向经营者要求赔偿。经营者提供商品或者服务有欺诈行为的，应当按照消费者的要求增加赔偿其受到的损失，增加赔偿的金额为消费者购买商品的价款或者接受服务的费用的3倍；增加赔偿的金额不足500元的，为500元。法律另有规定的，依照其规定。经营者明知商品或者服务存在缺陷，仍然向消费者提供，造成消费者或者其他受害人死亡或者健康严重损害的，受害人有权要求经营者依照本法第49条、第51条等法律规定赔偿损失，并有权要求所受损失2倍以下的惩罚性赔偿。本案中，A医疗美容院的服务人员对其美容院的设备效果进行虚假宣传，误导王女士选择该项服务，导致王女士容貌受损，不仅给王女士造成经济损失，也给王女士的精神带来严重的损害，A医疗美容院应该按照王女士支付价款的3倍进行赔偿。

六、运输及其他消费纠纷

🔍 找法

《中华人民共和国消费者权益保护法》

第四十五条第一款 消费者因经营者利用虚假广告或者其他虚假宣传方式提供商品或者服务，其合法权益受到损害的，可以向经营者要求赔偿。广告经营者、发布者发布虚假广告的，消费者可以请求行政主管部门予以惩处。广告经营者、发布者不能提供经营者的真实名称、地址和有效联系方式的，应当承担赔偿责任。

第五十五条 经营者提供商品或者服务有欺诈行为的，应当按照消费者的要求增加赔偿其受到的损失，增加赔偿的金额为消费者购买商品的价款或者接受服务的费用的三倍；增加赔偿的金额不足五百元的，为五百元。法律另有规定的，依照其规定。

经营者明知商品或者服务存在缺陷，仍然向消费者提供，造成消费者或者其他受害人死亡或者健康严重损害的，受害人有权要求经营者依照本法第四十九条、第五十一条等法律规定赔偿损失，并有权要求所受损失二倍以下的惩罚性赔偿。

举一反三

广大消费者在选择美容服务机构时，要先了解对方是否为正规机构、各项美容服务项目的价格和内容、是否有额外收费项目等，保持清醒的头脑，仔细甄别。不要听信对方的口头承诺，在交费之前，应与对方签订书面合同，明确美容服务项目的名称、效果、费用及安全风险责任等，以便于维权时作为有效证据；在接受服务过程中，一旦发现对方存在欺诈或者强制消费，要及时通过手机录音、拍照等方式取证。

70 医疗美容行为不规范，导致消费者毁容，消费者该怎么办？

遇事

张三的脸上从小就长有三颗痣，十分影响其面容。张三一直想祛掉脸上的痣。有一天，张三浏览网页时偶然发现一家私立医院正在做祛痣手术的宣传，张三非常心动，第二天就去该私立医院咨询，该私立医院的医护人员表示，张三脸上的痣不算大，做完手术后绝不会留下疤痕。张三一听很开心，抱着很大的期待，在规定的手术日来到这家私立医院准备手术。谁知因麻醉的方法不对，导致张三在手术过程中异常疼痛。做完手术后三天，张三的脸部红肿，看起来很吓人。张三赶紧跑到当地的三甲医院做检查，医生说由于祛痣手法不当，张三面部感染严重，治愈后也难以恢复原来的容貌。张三感到非常痛苦，她该如何维权呢？

说法

根据《中华人民共和国消费者权益保护法》第49条、第51条的规定，经营者提供商品或者服务，造成消费者或者其他受害人人身伤害的，应当赔偿医疗费、护理费、交通费等为治疗和康复支出的合理费用，以及因误工减少的收入。造成残疾的，还应当赔偿残疾生活辅助具费和残疾赔偿金。造成死亡的，还应当赔偿丧葬费和死亡赔偿金。经营者有侮辱诽谤、搜查身体、侵犯人身自由等侵害消费者或者其他受害人人身权益的行为，造成严重精神损害的，受害人可以要求精神损害赔偿。本案中，张三的脸部红肿至毁容是因私立医院的医护人员手术操作行为不规范导致的，且给张三造成了严重的精神损害，其可以根据上述法律规定，要求该私立医院赔偿医疗费、护理费、交通费等为治疗和康复支出的合理费用、因误工减少的收入以及精神损失费。

🔍 找法

《中华人民共和国消费者权益保护法》

第四十九条　经营者提供商品或者服务，造成消费者或者其他受害人人身伤害的，应当赔偿医疗费、护理费、交通费等为治疗和康复支出的合理费用，以及因误工减少的收入。造成残疾的，还应当赔偿残疾生活辅助具费和残疾赔偿金。造成死亡的，还应当赔偿丧葬费和死亡赔偿金。

第五十一条　经营者有侮辱诽谤、搜查身体、侵犯人身自由等侵害消费者或者其他受害人人身权益的行为，造成严重精神损害的，受害人可以要求精神损害赔偿。

《中华人民共和国民法典》

第一千一百七十九条　侵害他人造成人身损害的，应当赔偿医疗费、护理费、交通费、营养费、住院伙食补助费等为治疗和康复支出的合理费用，以及因误工减少的收入。造成残疾的，还应当赔偿辅助器具费和残疾赔偿金；造成死亡的，还应当赔偿丧葬费和死亡赔偿金。

第一千一百八十三条第一款　侵害自然人人身权益造成严重精神损害的，被侵权人有权请求精神损害赔偿。

举一反三

医疗美容可以分为治疗型医疗美容及消费型医疗美容——前者是指由于患者自身疾病，基于治疗和矫正的目的进行的疾病诊断、治疗活动；而后者的主要目的并非治疗疾病，而是满足就医者对"美"的心理追求。消费者在选择医疗美容项目时应该多方面考虑，多进行比较、多去了解，更应该听取正规医院的建议；若非要选择做医疗美容项目，应该选择正规的医院。

六、运输及其他消费纠纷

> **71** 电信增值服务免费体验期结束后,电信公司强行扣费,消费者该怎么办?

遇事

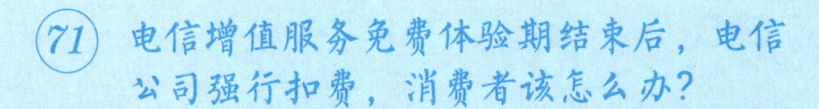

有一天,小张突然接到电信公司的一名男推销员的电话,男推销员称电信公司推出一项增值服务,可以让用户免费体验15天。小张没多想,就答应体验该项增值服务。体验期结束后的次月,小张发现自己的手机因该项增值服务而扣费。小张给电信公司打电话询问,电信公司称,体验期结束之后,公司的一名女推销员曾打电话询问小张,是否要继续使用该增值服务,小张当时表示同意。但小张否认这一情况,提出当时是一名男推销员打的电话,自己也明确表示不需要继续使用该增值服务了。小张可否要求电信公司退还因增值服务而扣除的费用?

说法

根据《中华人民共和国消费者权益保护法》第4条、第8条第1款、第52条的规定,经营者与消费者进行交易,应当遵循自愿、平等、公平、诚实信用的原则。消费者享有知悉其购买、使用的商品或者接受的服务的真实情况的权利。经营者提供商品或者服务,造成消费者财产损害的,应当依照法律规定或者当事人约定承担修理、重作、更换、退货、补足商品数量、退还货款和服务费用或者赔偿损失等民事责任。本案中,小张只要能够证明当时打电话询问自己的是男推销员,且自己明确否认继续使用该增值服务,就可以要求电信公司退还所扣费用。

找法

《中华人民共和国消费者权益保护法》

第四条 经营者与消费者进行交易,应当遵循自愿、平等、公平、诚实信用的原则。

第八条第一款 消费者享有知悉其购买、使用的商品或者接受的服务的真实情况的权利。

第五十二条 经营者提供商品或者服务,造成消费者财产损害的,应当依照法律规定或者当事人约定承担修理、重作、更换、退货、补足商品数量、退还货款和服务费用或者赔偿损失等民事责任。

举一反三

公平交易原则,是指消费者在购买商品或者接受服务时,有权获得质量保障、价格合理、计量准确等公平交易的条件,同时有权拒绝经营者的强制交易行为。这是市场经济条件下交易的基本原则,而公平交易原则实现的重要条件就是要保障消费者的知情权。若消费者发现运营商有乱扣费情况,可以通过拨打运营商服务电话查询,运营商应及时查明扣费的原因,如果确认是多扣费用,应按用户要求退还费用。若用户对运营商的处理结果不满意或运营商迟迟不予以答复,消费者可以向相关部门申诉或拨打12315热线投诉。

六、运输及其他消费纠纷

72 婚庆公司漏拍了婚礼重要场景，消费者该怎么办？

遇事

2023年2月，阿明、小芳与婚庆公司签订服务合同，约定由该婚庆公司承办包括拍照、摄像等项目在内的全部婚庆事宜，还约定公司如存在未能履约造成客户损失的情况，根据服务项目退还该项已收金额的1倍至2倍。合同所附的服务单中列明了各个项目的金额，总计费用为36666元。合同签订当日，阿明通过微信向婚庆公司转账定金6666元，公司组建微信群沟通事宜。2023年9月，阿明、小芳举行婚礼，并于婚礼当晚支付尾款30000元。同年10月，婚庆公司在微信群中发送新人化妆、接亲等部分视频，阿明回复"视频可以的，后期的视频什么时候给我"。婚庆公司表示还要再等等。同年11月，婚庆公司在微信群中发送了婚礼现场的视频链接，阿明、小芳观看后发现，该视频缺失新郎新娘进场、花童送戒指等画面，新郎父亲致辞、证婚人证婚等画面也不完整。阿明、小芳认为婚庆公司未拍摄新郎新娘进场、花童送戒指等画面，而这些画面对自己而言意义重大，要求婚庆公司返还婚庆费用36666元以及精神损失费20000元。婚庆公司认为，录像摄影只是婚庆服务的一项，项目包含娶亲摄像和婚礼摄像，费用总计1600元，并表示愿意赔偿2000元。双方协商未果，阿明、小芳将婚庆礼仪公司诉至法院。阿明、小芳的要求合理吗？

说法

根据《中华人民共和国民法典》第996条的规定，因当事人一方的违约行为，损害对方人格权并造成严重精神损害，受损害方选择请求其承担违约责任的，不影响受损害方请求精神损害赔偿。本案中，双方签订的婚庆服务合同合法有效，因婚庆公司失误导致婚礼影像缺少有意义的场景，根据违约条款，婚庆公司应承担违约责任。婚礼影像记录的是人生中的重大活动，具有永久纪念意义，当时的场景、人物和神态具有时间性、珍贵性和不可再现性，是无法补救不可替代的特定纪念物品，其承载的人格和精神利益远大于其本身的成本价值，婚庆公司的失误确实给阿明、小芳造成了一定的精神损害，婚庆公司应当赔偿相应的精神损害抚慰金。法院根据查明的事实，最终判决婚庆公司退还阿明、小芳婚礼晚宴摄像服务费用800元，赔偿违约损失800元，并赔偿精神抚慰金10000元。

找法

《中华人民共和国民法典》

第九百九十六条 因当事人一方的违约行为，损害对方人格权并造成严重精神损害，受损害方选择请求其承担违约责任的，不影响受损害方请求精神损害赔偿。

第一千一百八十三条 侵害自然人人身权益造成严重精神损害的，被侵权人有权请求精神损害赔偿。

因故意或者重大过失侵害自然人具有人身意义的特定物造成严重精神损害的，被侵权人有权请求精神损害赔偿。

举一反三

《中华人民共和国民法典》第1183条第2款所说的"具有人身意义的特定物"往往蕴含人格利益，被当事人寄予或投入了特殊情感，具有附属在财产上的无形的精神利益，其具有特定性和不可替代性，即一旦该物品毁损、灭失，无法通过同类财产的替代和金钱补偿来弥补所受的情感损伤。如亲人的骨灰、仅有一次的婚礼录像、无法补办的毕业证书、冷冻的胚胎、饲养多年的宠物等。

司法实践中，衡量被寄予权利人情感、意志的物品是否具有不可替代性，可以综合考量物的来源是否特殊、物的功能是否主要是追思的物质载体、物的留存时间及权利人的珍惜程度等。具有人身意义的特定物的精神损害赔偿标准应与人身权益侵害救济标准进行区别，具有人身意义的特定物的价值的定位在于所承载的精神价值和人格利益，其赔偿用于慰藉权利人的精神，使其情感损失得到弥补，应结合特定物的时间、来源、权利人的珍惜程度、价值内涵等来综合确定。

73 消费者可否要求经营者退还会员卡中未使用的金额？

遇事

萨女士看着自己越发丰盈的身体心中有点失落，于是在朋友的建议下来到一家健身房，办理了一张会员卡，并在卡中充值了3000元。萨女士很积极，每周会定期去健身房锻炼。后因突发情况，健身房不再营业。萨女士要求健身房退还会员卡中还未使用的金额，但健身房以"一经办理不得退款"为由拒绝。萨女士的要求能否得到支持？

说法

根据《中华人民共和国消费者权益保护法》第26条第2款、第53条的规定，经营者不得以格式条款、通知、声明、店堂告示等方式，作出排除或者限制消费者权利、减轻或者免除经营者责任、加重消费者责任等对消费者不公平、不合理的规定，不得利用格式条款并借助技术手段强制交易。经营者以预收款方式提供商品或者服务的，应当按照约定提供。未按照约定提供的，应当按照消费者的要求履行约定或者退回预付款；并应当承担预付款的利息、消费者必须支付的合理费用。本案中，健身房以"一经办理不得退款"的格式条款限制消费者权利，根据《最高人民法院关于审理预付式消费民事纠纷案件适用法律若干问题的解释》第9条规定的精神，消费者与经营者订立的预付式消费合同中存在"排除消费者依法解除合同或者请求返还预付款的权利"的格式条款的，该格式条款无效。本案中的健身房因突发情况不能按约定为萨女士提供服务，应当退还萨女士的会员卡中未使用的金额。

六、运输及其他消费纠纷

🔍 **找法**

《中华人民共和国消费者权益保护法》

第二十六条 经营者在经营活动中使用格式条款的，应当以显著方式提请消费者注意商品或者服务的数量和质量、价款或者费用、履行期限和方式、安全注意事项和风险警示、售后服务、民事责任等与消费者有重大利害关系的内容，并按照消费者的要求予以说明。

经营者不得以格式条款、通知、声明、店堂告示等方式，作出排除或者限制消费者权利、减轻或者免除经营者责任、加重消费者责任等对消费者不公平、不合理的规定，不得利用格式条款并借助技术手段强制交易。

格式条款、通知、声明、店堂告示等含有前款所列内容的，其内容无效。

第五十三条 经营者以预收款方式提供商品或者服务的，应当按照约定提供。未按照约定提供的，应当按照消费者的要求履行约定或者退回预付款；并应当承担预付款的利息、消费者必须支付的合理费用。

《最高人民法院关于审理预付式消费民事纠纷案件适用法律若干问题的解释》

第九条 消费者依照消费者权益保护法第二十六条、民法典第四百九十七条等法律规定，主张经营者提供的下列格式条款无效的，人民法院应予支持：

（一）排除消费者依法解除合同或者请求返还预付款的权利；

……

（七）存在其他排除或者限制消费者权利、减轻或者免除经营者责任、加重消费者责任等对消费者不公平、不合理情形。

举一反三

经营者收取预付款后终止营业,既不按照约定兑付商品或者提供服务又恶意逃避消费者申请退款,消费者可以请求经营者承担惩罚性赔偿责任。

图书在版编目（CIP）数据

消费者权益保护一站式法律指引 / 吐热尼萨·萨丁编著. -- 北京：中国法治出版社，2025.8. --（遇事找法 / 张润主编）. -- ISBN 978-7-5216-5466-0

Ⅰ. D922.294.4

中国国家版本馆CIP数据核字第20258T5Z55号

责任编辑：潘环环　　　　　　　　　　　　　　　　封面设计：周黎明

消费者权益保护一站式法律指引
XIAOFEIZHE QUANYI BAOHU YIZHANSHI FALÜ ZHIYIN

编著 / 吐热尼萨·萨丁
经销 / 新华书店
印刷 / 三河市紫恒印装有限公司
开本 / 710毫米×1000毫米　16开　　　　　　　印张 / 14　字数 / 200千
版次 / 2025年8月第1版　　　　　　　　　　　　2025年8月第1次印刷

中国法治出版社出版
书号 ISBN 978-7-5216-5466-0　　　　　　　　　定价：49.00元

北京市西城区西便门西里甲16号西便门办公区
邮政编码：100053　　　　　　　　　　　　　　传真：010-63141600
网址：http://www.zgfzs.com　　　　　　　　　编辑部电话：010-63141813
市场营销部电话：010-63141612　　　　　　　　印务部电话：010-63141606

（如有印装质量问题，请与本社印务部联系。）